市场调查与预测

⊙ 王　冲　李冬梅　主　编
⊙ 明　辉　方佳明　副主编

复旦大学出版社

内 容 提 要

本书旨在帮助那些正在学习市场营销、工商管理等经济管理类专业的学生，以及从事管理、市场调研的有关人员，熟悉和掌握市场调查与预测的基本理论、方法和技术。

全书共十二章，第一章为导论，主要介绍了市场调查与预测的基本概念、重要性、特征、原则、内容和市场调研方案的设计。第二章至第七章为市场调查部分：第二章至第五章分别介绍了市场调查的常用方法，即文案法、观察法、实验法和访问法；第六章介绍了访问法的工具，即问卷的设计技术；第七章介绍了调查样本的选择，即抽样调查。第八章至第十一章为市场分析部分：第八章介绍了调查数据的整理，第九章介绍了调查数据的统计描述，第十章介绍了相关与回归分析，第十一章介绍了时间序列预测；第八章和第九章属于调查数据的基本处理和分析，第十章和第十一章属于调查数据的深入分析，是市场预测的基础和依据。第十二章为市场调查报告的撰写。

本书适合大专院校市场营销、工商管理专业师生选作教材，同时也可作为各类组织管理人员培训教材或参考书。

编委会

主　编：王　冲（四川农业大学）

　　　　李冬梅（四川农业大学）

副主编：明　辉（四川农业大学）

　　　　方佳明（电子科技大学）

编　委：李曼嘉（四川农业大学）

　　　　吴　卫（成都信息工程学院）

　　　　郭丰恺（成都理工大学）

前言

企业决策的正确与否在很大程度上取决于市场信息的质量，而市场信息质量的高低在很大程度上取决于市场调查是否有效。随着市场竞争越来越激烈，市场调查受到越来越多企业的重视。市场调查被誉为企业的"雷达"和"眼睛"，企业只有通过市场调查获取有用的市场信息并在此基础上加工运用，才能做到在激烈的市场竞争中知己知彼、百战不殆。本书旨在帮助那些正在学习市场营销、工商管理等经济管理类专业的学生以及从事管理、市场调研的有关人员熟悉和掌握市场调查与预测的基本理论、方法和技术。

本书的特点可以概括如下：

1. 重视基本市场调查方法的详细介绍。以往的教材大多将市场调查的基本方法（文案法、观察法、实验法和访问法）分为二手资料的搜集方法（文案法）和一手资料的搜集方法（观察法、实验法和访问法）两章，且文字有限。本书将市场调查的基本方法全部单列出来，并进行了详细介绍。

2. 特别重视市场调查数据处理方法的详细操作介绍。本书最大的特点是运用最常用的数据处理工具Excel进行数据的整理、描述、分析、预测。Excel是大家最常用的工具之一，但其强大的数据处理功能（如"宏"功能）却不为大多数人所知。本书详细介绍了Excel"宏"功能的"数据分析"工具。

3. 突出系统性和逻辑性。本书按照市场调查生命周期的思想，从市场调查（数据搜集）、市场分析（数据分析）到市场报告（报告撰写），将市场调查活动有机地组织起来，各章之间都有内在的逻辑联系。另外，本书涉及较多的统计学方法，但不是就方法讲方法，而是从市场调查分析对象出发，将不同的方法编入不同的内容，从而增加了本书的系统性。

全书共十二章，每章都包括开篇案例、正文、本章小结和思考题四个部分。第一章为导论，主要介绍了市场调查与预测的基本概念、重要性、特征、原则、内容和市场调研方案的设计。第二章至第七章为市场调查部分：第二章至第五章分别介绍了市场调查的常用方法，即文案法、观察法、实验法和访问法；第六章介绍了访问法的工具，即问卷的设计技术；第七章介绍了调查样本的选择，即抽样调查。第八章至第十一章为市场分析部分：第八章介绍调查数据的整理；第九章介绍调查数据的统计描述；第十章介绍相关分析与回归分析；第十一章介绍时间序列预测；第八章和第九章属于调查数据的基本处理和分析，第十章和第十一章属于调查数据的深入分析，是市场预测的基础和依据。第十二章为市场调查报告的撰写。

本书由四川农业大学经济管理学院王冲讲师和李冬梅教授共同担任主编，四川农业大学经济管理学院明辉讲师和电子科技大学经济与管理学院方佳明副教授担任副主编。具体编写工作如下：前言、第八、九、十二章由王冲编写；第一章主要由李冬梅编写；第二、三、五、六章由李曼嘉编写；第四、十、十一章主要由明辉编写；第七章由方佳明编写；刘浩和成都理工大学的郭丰恺参与编写了第一章，成都信息工程学院的吴卫参与编写了第四章。王冲负责全书结构的确定和统稿，并对全书的所有内容负责。

本书在编写过程中参阅了大量中外文书籍和其他文献资料，主要参考资料目录已列在书后。在此对国内外相关作者表示衷心的感谢！

由于编者水平有限，书中如有不妥之处，敬请读者批评指正。

编　者

2013年6月于四川成都

目 录

第一章　导论 ………………………………………………………… 001
开篇案例 ……………………………………………………………… 001
第一节　市场调查与预测的基本概念 ……………………………… 002
第二节　市场调查与预测的重要性 ………………………………… 006
第三节　市场调查与预测的特征 …………………………………… 007
第四节　市场调查与预测的原则和内容 …………………………… 009
第五节　市场调查调研方案的设计 ………………………………… 014
本章小结 ……………………………………………………………… 017
思考题 ………………………………………………………………… 017

第二章　市场调查方法（一）——文案法 ………………………… 018
开篇案例 ……………………………………………………………… 018
第一节　文案法概述 ………………………………………………… 019
第二节　文案调查的方法 …………………………………………… 021
本章小结 ……………………………………………………………… 026
思考题 ………………………………………………………………… 026

第三章　市场调查方法（二）——观察法 ………………………… 027
开篇案例 ……………………………………………………………… 027
第一节　观察法概述 ………………………………………………… 028
第二节　观察法的适用范围 ………………………………………… 033
第三节　观察法的应用 ……………………………………………… 034

本章小结 ·· 038
思考题 ·· 038

第四章 市场调查方法(三)——实验法 ··········· 039
开篇案例 ·· 039
第一节 实验法概述 ··· 042
第二节 实验法的有效性要素和原理 ················· 044
第三节 几种常用的实验方法 ···························· 047
第四节 Excel 在实验分析中的运用 ··················· 054
本章小结 ·· 060
思考题 ·· 061

第五章 市场调查方法(四)——访问法 ··········· 062
开篇案例 ·· 062
第一节 访问法概述 ··· 063
第二节 常用的访问方法 ···································· 065
第三节 访问过程的控制 ···································· 069
本章小结 ·· 072
思考题 ·· 073

第六章 问卷设计技术 ·· 074
开篇案例 ·· 074
第一节 问卷设计概述 ······································· 076
第二节 问卷设计技术 ······································· 079
第三节 问卷设计的程序 ···································· 088
第四节 问卷设计的技巧和注意事项 ················· 089
本章小结 ·· 092
思考题 ·· 092

第七章 抽样调查 ·· 093
开篇案例 ·· 093

	第一节	抽样调查概述	094
	第二节	抽样调查的程序	097
	第三节	抽样设计	098
	本章小结		103
	思考题		104

第八章　市场调查数据的整理　105

开篇案例　105
第一节　数据整理的内容和程序　106
第二节　统计分组　107
第三节　频数分布和频率分布　111
第四节　Excel在数据整理中的运用　118
本章小结　128
思考题　128

第九章　市场调查数据的统计描述　129

开篇案例　129
第一节　统计表与统计图　130
第二节　分布的集中趋势　143
第三节　分布的离中趋势　154
第四节　Excel在统计描述中的运用　160
本章小结　166
思考题　166

第十章　相关分析与回归分析　167

开篇案例　167
第一节　现象间的相互关系　168
第二节　相关分析与回归分析　170
第三节　标准的一元线性回归模型　175
第四节　Excel在相关分析与回归分析中的运用　183

	本章小结 ………………………………………………… 190
	思考题 …………………………………………………… 190
第十一章	时间序列预测 …………………………………………… 191
	开篇案例 ………………………………………………… 191
	第一节　时间序列预测概述 …………………………… 192
	第二节　时间序列预测的主要方法 …………………… 194
	第三节　Excel 在时间序列预测中的运用 …………… 198
	本章小结 ………………………………………………… 204
	思考题 …………………………………………………… 204
第十二章	市场调查报告的撰写 …………………………………… 205
	开篇案例 ………………………………………………… 205
	第一节　市场调查报告概述 …………………………… 205
	第二节　市场调查报告的结构 ………………………… 207
	第三节　调查报告范例 ………………………………… 208
	本章小结 ………………………………………………… 222
	思考题 …………………………………………………… 223
参考书目	………………………………………………………………… 224

第一章 导　　论

铱星公司的失败

铱星移动通信系统是美国于1987年提出的第一代卫星移动通信星座系统,该系统最大的技术特点是通过卫星与卫星之间的接力来实现全球通信。它与目前使用的静止轨道卫星通信系统比较有两大优势:一是轨道低,传输速度快,信息损耗小,通信质量大大提高;二是不需要专门的地面接收站,每部卫星移动手持电话都可以与卫星连接,这就使地球上人迹罕至的不毛之地、通信落后的边远地区、自然灾害(如地震)现场的通信都变得畅通无阻。铱星系统开创了全球个人通信的新时代,被认为是现代通信的一个里程碑,使人类在地球上任何"能见到的地方"都可以相互联络。铱星移动通信系统于1996年开始试验发射,计划1998年投入运营,预计总投资为34亿美元。铱星移动通信系统为用户提供的主要业务是移动电话(手机)、寻呼和数据传输。从技术角度看,铱星移动通信系统已突破了星间链路等关键技术问题,系统基本结构与规程已初步建成,系统研究发展的各个方面都取得了重要进展;在此期间全世界有几十家公司都参与了铱星计划的实施,应该说铱星计划初期的确立、运筹和实施是非常成功的。

然而,如此高的"科技含量"却好景不长,价格不菲的"铱星"通信在市场上遭受到了冷遇,用户最多时才5.5万,而据估算它必须发展到50万用户才能盈利。由于巨大的研发费用和系统建设费用,铱星背上了沉重的债务负担,整个铱星系统耗资达50多亿美元,每年仅系统的维护费就要几亿美元。除了摩托罗拉等公司提供的投资和发行股票筹集的资金外,铱星公司还举借了约30亿美元的债务,每月仅债务利息就达4 000多万美元。从一开始,铱星公司就没有喘过气来,一直在与银行和债券持有人等组成的债权方集团进行债务重组的谈判,但双方最终未能达成一致。债权方集团于1999年8月13日向纽约联邦法院提出了迫使铱星公司破产改组的申请;加上无力支付两天后到期的9 000万美元的债券利息,铱星公司被迫于同一天申请破产保护。2000年3月18日,铱星背负40多亿美元债务正式破产。

从市场角度看,摩托罗拉启动铱星计划的时候没有做过认真的市场调查与分析。当绝大部分城市、城市近郊的农村、交通干线、旅游胜地都被地面网络覆盖,当移动电话的国际漫游成为可能,卫星移动电话的市场无疑在被不断地压缩,用户群的规模相应地不断减少。地面移动电话网络在成本费用、手机轻便性等方面占了相当的优势。于是,10年前可行的方案10年后失去了存在的基础;10年前存在的用户群10年后却无法达到支撑业务运行的最小规模。决定市场的不是高科技而是消费者的需求和接受力。盲目地追求技术性而忽略市场的调研和分析,忽略消费群体的真实需求,结果只能是被市场淘汰。这一失败的案例说明,在市场竞争中,要赢得消费者的信赖、使产品得到市场的认可就必须以消费者的需求为核心,而了解消费者的真实需求必须以市场调查和分析为基础。市场调查、分析和预测对企业经营成败十分重要。

第一节 市场调查与预测的基本概念

一、市场

(一) 市场的含义

市场经济条件下,企业的生产和经营必须重视市场的需求,企业家都是按照自己对市场的理解来组织生产经营活动的。随着商品经济的发展,市场(Market)这个概念的内涵也不断充实和发展。

目前,对市场较为普遍的理解主要有以下几点:(1)市场是商品交换的场所。商品交换活动一般都要在一定的空间范围内进行,市场首先表现为买卖双方聚在一起进行商品交换的地点或场所。这是人们对市场最初的认识,虽不全面但仍有现实意义。(2)市场是商品的需求量。从市场营销的立场来看,市场是指具有特定需要和欲望,愿意并能够通过交换来满足这种需要或欲望的全部顾客。(3)市场是商品供求双方相互作用的总和。如人们经常使用的"买方市场"或"卖方市场"的说法,就是反映商品供求双方交易力量的不同状况。(4)市场是商品交换关系的总和。

对上述关于市场含义的归纳整理,本书认为市场是商品经济的范畴,是以商品交换为基本内容的经济联系形式。

(二) 市场的类型

按不同的分类标准,市场可以分为不同的类型。这里,主要按商品交换的内容和企业营销的角度对市场进行分类。

1. 按商品交换的内容

按商品交换的内容,市场可以分为有形市场和无形市场两类。有形市场如生产资料市场、消费品市场、劳动力市场和房地产市场等。无形市场如金融市场、技术市场和信息市场等。

2. 按企业营销的角度

按企业营销的角度,市场可以分为现有市场和潜在市场两类。现有市场指企业已有的顾客。潜在市场指企业未来的顾客。

另外,市场还可以按流通环节分为批发市场、零售市场等;按消费者的年龄分为婴儿市场、儿童市场、青少年市场和中老年市场等;按地域分为国内市场、国际市场等。

(三) 市场与企业的关系

市场与企业的关系可以概括为"拿进来"和"给出去"。"拿进来"指企业从市场获取原料、设备、技术和劳动力等;"给出去"指企业的产品必须按等价交换的原则在市场上销售,从而保持并扩大市场份额以求得生存和发展。企业资金的循环过程(如图 1-1 所示)形象地概括了市场与企业的关系。

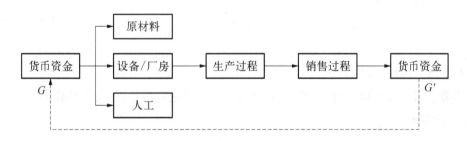

图 1-1 企业资金的循环过程

从图 1-1 可以看出,企业要想在激烈的市场竞争中生存就必须将自己的产品销售出去,获得比初始投入货币资金更大的销售收入(即 $G' > G$)。因此,产品只有适销对路才能使企业盈利。所谓适销对路就是指企业所提供的产品或服务能够满足消费者的需求,并能激起消费者的购买意愿。

二、需求

(一) 需求的含义

需求(Demand)是在一定的时期,在既定的价格水平下,消费者愿意并且能够购买的商品数量。用一个公式来表示:

$$需求 = 欲望 + 购买力$$

需求公式表明,一个现实有效的需求必须满足两个条件:第一个条件是消费者愿意购买某种产品或服务,表现为消费者的欲望,如每个人都需要吃饭、穿衣,都希望拥有豪华轿车;第二个条件是消费者能够购买此种产品或服务,表现为消费者的购买力,如几乎每个人都能够支付吃饭和穿衣的基本消费,但只有少部分人可以买得起豪华轿车。

(二) 需求的影响因素

消费者的需求受很多因素的影响,了解需求的影响因素对于明确市场调查的对象具有重要意义。需求的影响因素包括:

1. 商品本身价格

一般而言,商品的价格与需求量成负相关关系,即价格越高,需求越少。

2. 替代品的价格

一般来说,替代品的价格上升,替代品的需求减少,则消费者就会把其需求转向相互替代的另一种商品上,从而使该商品的需求增加。

3. 互补品的价格

一般而言,互补品的价格上升,互补品的需求减少,则相互补的商品的需求也随之减少。

4. 消费者的收入水平

当消费者的收入提高时,会增加商品的需求量;反之则反是,但劣等品除外。

5. 消费者的偏好

当消费者对某种商品的偏好程度增强时,该商品的需求量就会增加。

6. 消费者的预期

当消费者预期某种商品的价格即将上升时,就会增加对该商品的现期需求。同理,当消费者预期未来的收入将上升时,也会增加对商品的需求。

(三) 需求的类型

1. 有效需求和无效需求

有效需求是有支付能力的需求,无效需求是暂无支付能力的需求。市场调查的重点是有效需求,但不能忽略无效需求。

2. 潜在需求和现实需求

有支付能力的需求只是一种潜在的需求,潜在的需求转化为现实的需求还受很多内外因素的影响,如消费者家庭支出的分配比例、选择商品或服务的品牌、购物环境、购物时的心情等。

从需求的分类及其影响因素来看,需求是变动的,需求的变动造成了市场的不确定性。因此,企业必须及时了解市场需求的变动情况,把握市场的走向等重要信息,才能抓住有利时机,作出正确的决策。

三、信息

(一) 信息的概念

根据美国数学家、信息论的创始人克劳德·艾尔伍德·香农(Claude Elwood Shannon)的定义,信息(Information)是不确定性的消除。

信息又称作讯息、资讯等,是一种消息,通常以文字、声音或图像的形式来表现,是数据按有意义的关联排列的结果。文献是信息的一种,即通常讲到的文献信息。

(二) 有用信息的特征

信息具有事实性、等级性、不完全性、时效性、共享性、价值性、载体依附性和可伪性等属性。有用信息除了具有上述属性外,还具有以下重要特征:首先,必须是质量较高的;其次,必须是及时的,当管理者需要时就能获得;最后,必须是完全和相关的。

四、市场调查

市场调查(Marketing Research)是以提高营销效益为目的,有计划地收集、整理和分析市场信息资料,提出解决问题建议的一种科学方法[①]。市场调查也是一种以顾客为中心的研究活动。

市场是企业经营的起点,是商品流通的桥梁。企业间的竞争不仅表现在价格上,而且更多地转向开发新产品、提高产品质量、提供完备的服务、改进促销方式和完善销售渠道等方面。此外,随着人民生活水平的提高,消费心理也在变化,企业产品不仅要满足消费者的量感,而且更要满足消费者的质感。哪个企业信息掌握得迅速、准确、可靠,产品更新换代快,生产计划安排得当,适销对路,哪个企业就能在竞争中取胜。因此,企业不得不投入人力、物力进行专门的市场调查。

---

① 这里的市场调查是广义的市场调查,狭义的市场调查特指针对消费者所做的调查。

五、市场预测

(一) 市场预测的含义

市场预测(Market Forecast)是在对影响市场供求变化的诸因素进行调查研究的基础上，运用科学的方法，对未来市场商品供应和需求的发展趋势以及有关的各种因素变化进行分析、估计和判断。市场预测的目的在于最大限度地减少不确定性对预测对象的影响，为科学决策提供依据。

(二) 市场调查与市场预测的联系和区别

简单地说，两者的关系为市场调查是市场预测的基础和保证，市场预测是市场调查的延伸和应用。

两者的区别在于，市场调查是人们对市场的过去和现在的认识，市场预测是人们对市场的未来的认识。市场预测能帮助经营者制定适应市场的行动方案，使自己在市场竞争中处于有利地位。

第二节 市场调查与预测的重要性

一、市场调查与预测行业的历史、现状和未来

(一) 市场调查与预测行业的历史和现状

在美国，73%的企业设有正规的市场调研部门，负责对产品的调查、预测、咨询等工作，并且在产品进入每一个新市场之前都要对其进行调查。美国大公司的市场调研经费约占销售额的3.5%，市场调查成果能为企业带来千百倍的回报。

我国的市场调查与预测是在20世纪80年代兴起的，经过30年的发展已初具规模。80年代初，政府开始创办市场调查与预测业务，功能主要集中在投资、科技和财务咨询。最初的市场调查与预测业务是非市场化的，但其出现也让人们领悟到了信息的价值。随着我国由计划经济向市场经济转变发展，90年代初一批外资和民营咨询、市场调查公司开始涌现，并为企业提供了规范化的咨询服务，市场调查与预测行业进入专业化发展阶段。又经过10年左右的发展，一部分市场调查与预测行业公司，如零点调查、盖洛普(中国)咨询、华南国际市场研究、慧聪信息、浩辰商务等脱颖而出，这些公司以其专业化的服务赢得市场，并在竞争中站稳了脚跟。目前，我国市场调查与预测行业的发展取得了长足进步，行业蕴含巨大商机。

(二) 市场调查与预测行业的未来

我国在加入WTO后,开放了包括咨询业在内的服务业,允许外国公司通过特许经营形式进行有偿服务活动。可以预见,市场调查与预测行业将迎来更大的发展机遇,主要包括:(1)市场调查与预测行业的投资将大大增加。外国资本将进入中国市场调查与预测行业,其中相当一部分会以合资、合作的形式进行。(2)市场调查与预测行业的管理体制向国际化靠拢。在行业管理上逐步按国际通行规则办事,规范运作,从而推进现代市场调查与预测行业管理制度的建立,提高市场调查与预测行业服务质量和效益;积极开拓国际合作渠道,与外国公司的磋商合作将加强。(3)中外市场调查与预测行业对咨询人才的争夺必然加剧。一些具有强烈创新意识和卓越创造能力的高层次咨询人才,将成为中外市场调查与预测行业企业高薪猎取的主要目标。(4)市场调查与预测行业整体水平将大大提高。市场调查与预测行业策划专家将与政府、社会各界以及媒体进行通力合作,发挥整体效益。

二、市场调查与预测的意义

市场调查被誉为企业的"雷达"和"眼睛",企业只有通过市场调查获取有用的市场信息并在此基础上加工运用,才能做到在激烈的市场竞争中知己知彼、百战不殆。具体而言,市场调查与预测的意义包括以下三点。

(1)为企业决策提供依据。经营决策决定了企业的经营方向和目标。它的正确与否直接关系到企业的成功与失败。企业只有在收集到相关资料并科学预测以后,才能根据本企业实际情况,确定营销活动的最佳方案,作出最佳决策。

(2)帮助企业开拓新的市场。企业只有竭力保住自己的现有市场,通过市场调查了解顾客的最新需求,通过科学预测不断地开拓新的市场,才能使自己在激烈的市场竞争中立于不败之地。

(3)为企业赢得竞争优势。企业只有通过市场调查了解竞争对手的经营策略、产品优势、技术力量、促销手段及准确预测其未来发展意图等信息,才能做到知彼知己,百战不殆。

第三节 市场调查与预测的特征

一、市场调查的分类

准确划分市场调查的类型,有助于企业选择最好的调查途径。按调查的目的和功能的不同,市场调查可划分为以下三种。

(一) 探索性调查

探索性调查是为了使问题更明确而进行的小规模调查活动。这种调查特别有助于把一个大而模糊的问题表达为小而准确的子问题，并识别出需要进一步调查的信息。比如，某公司的市场份额去年下降了，公司无法一一查知原因，就可用探索性调查来发掘问题：是经济衰退的影响？是广告支出的减少？是销售代理效率低？还是消费者的习惯改变了？当不能肯定问题性质时，可以使用探索性调查。

(二) 描述性调查

描述性调查是寻求对"why"、"who"、"what"、"when"、"where"这样一些问题的回答。它可以描述不同消费群体在需求、态度和行为等方面的差异。比如，某超市了解到该超市70%的顾客主要是年龄在25～65岁的妇女，并经常带着家人一起来购买食品。这种描述性调查提供了重要的决策信息，使商店特别重视直接向家庭主妇开展促销活动。对有关情形缺乏完整的知识时可以使用描述性调查。

(三) 因果性调查

因果性调查是指为了查明项目不同要素之间的关系以及查明导致产生一定现象的原因所进行的调查。因果性调查要求调查人员对所研究的课题有相当的知识，能够判断一种情况出现了另一种情况会接着发生，并能说明其原因所在。当需要对问题严格定义时使用因果性调查。

二、市场预测的类型

(一) 按时间层次划分

按时间层次不同，市场预测可分为短期市场预测、中期市场预测和长期市场预测。

1. 短期市场预测

短期预测一般只针对近期形式，主要用于指导企业每天或一周的运营安排。这种预测的期限通常只有1～2个月。

2. 中期市场预测

中期预测的时限跨度从1～2个月到1年不等，主要对企业制订年度生产计划提供参考。

3. 长期市场预测

长期预测则是指对1～2年以上商业前景的预测，主要用于指导新产品生产、扩大生产规模等计划和长期财务管理安排。

(二) 按性质层次划分

按性质层次不同，市场预测可分为定性市场预测和定量市场预测两类。

1. 定性市场预测

定性市场预测是依靠预测者的知识、经验和对各种资料的综合分析来预测市场未来的变化趋势。定性市场预测又称判断预测或经验预测，预测速度快，费用少，简便易行，能综合各种因素分析错综复杂的情况。定性市场预测的人员应是市场相关领域的资深人员，对相关领域的问题非常熟悉，一般在量化数据缺乏的情况下使用。

2. 定量市场预测

定量市场预测是在掌握完整的市场统计资料并假定这些资料所描述的趋势适用于被测事物未来情况的条件下，运用数学方法对数据进行加工处理，通过数学模型反映数据间内在规律性，最后据此作出预测的方法。定量市场预测又称客观分析法、统计预测法或数学分析法。定量预测具有比较客观、科学性强和准确度高的优点。一般在相关数据充分的情况下，比较适合使用定量预测。

第四节 市场调查与预测的原则和内容

一、市场调查与预测的原则

在市场调查与预测过程中要遵循一定的原则。具体来讲，主要包括以下六个方面。

（一）时效性原则

在现代市场经营中，时间就是机遇、金钱。丧失机遇，会导致整个经营策略和活动失败；抓住机遇，则为成功铺平了道路。市场调查的时效性表现为应及时捕捉和抓住市场上任何有用的情报、信息，及时分析、反馈，为企业在经营过程中适时地制定和调整策略创造条件。

（二）准确性原则

对市场调查资料的收集、分析和应用必须实事求是，尊重客观实际，切忌以主观臆造来代替科学分析。企业的经营决策要科学、有效，就必须要有准确的信息作为依据。

（三）系统性原则

市场调查应全面收集有关企业生产和经营方面的信息资料。市场调查既要了解企业的生产和经营实际，又要了解竞争对手的有关情况；既要认识到其内部机构设置、人员配备、管理素质和方式等对经营的影响，也要调查社会环境的各方面对企业和消费者的影响。

（四）经济性原则

企业的任何活动都以盈利为最终目的。因而，市场调查必须遵循经济性原则。市场调查虽是一件费时、费力、费财的活动,但也要讲求经济效益,力争以最少的投入取得最好的效果。

(五) 科学性原则

市场调查与预测是一门科学,其科学性不仅体现在调查方法、手段和程序方面,更体现在预测方法和模型等的科学上。市场调查与预测是一门综合性较强的课程,需要计算机学、管理学、统计学和营销学等多学科科学知识的支撑,只有综合应用这些科学知识才能做到决策的科学。

(六) 保密性原则

市场调查行业存在和发展的重要前提是调查者能够对调查的信息保密。许多市场调查是由客户委托市场调查公司进行的,市场调查公司以及从事市场调查的人员必须对调查获得的信息保密,不能将信息泄露给第三者。在激烈的市场竞争中,信息是非常重要的。不管是有意或是无意,也不管信息泄露给谁,只要将信息泄露出去就有可能损害客户的利益,同时也会损害市场调查公司的信誉。

二、 市场调查的内容

根据市场调查对象的不同,将市场调查的内容分为社会环境调查、消费者调查、产品调查和市场营销活动调查四个方面。

(一) 社会环境调查

消费者的任何活动都脱离不开所处的社会环境,企业的生产、经营活动也一样。市场环境调查是指对影响企业生产经营活动的外部因素所进行的调查。一个地区的社会环境是由政治、经济、文化、气候、地理、技术、法律和竞争等因素所组成的,而这些因素往往是企业自身难以驾驭和影响的。所以,对于企业和个人来讲,改变能改变的,适应不能改变的。企业的重大决策(如选址时)尤其要考虑对环境的调查。

社会环境调查包括总体环境调查、产业环境调查和竞争环境调查三个层面。这里,主要介绍总体环境调查。

1. 政治环境调查

政治环境是指企业面临的外部政治形势、状况和制度。政治环境调查主要是了解对市场产生影响和制约的国内外政治形势以及国家管理市场的有关方针政策。

在我国,由于各地区生产力水平、经济发展程度不同,政府对各地区的经济政策也不同,这些都会对企业的经营活动产生影响。有些地区的经济政策宽松些,有的严格些;如对西部是大开发,对东北是振兴老工业基地。对某些行业采取倾斜政策,对不同的行业采取不同的优惠、扶持或限制政策。就行业而言,工信部指出,结合"十二五"规划编制,初步考虑把信息网络、先进制造业、生产性服务业、新能源、新材料和生物医药等领域作为培育重点,制定专项规划和产业政策,加强研发支持。针对扶持行业的一系列政策包括:全面实施增值税转型改革,调整进出口税率;建立专项资金,支持企业技术改造,增大对有关行业支持力度;扩大信贷规模,尤其是解决中小企业资金困难;促进工业产品市场营销,扩大政府采购范围;增加重要原材料战略物资储备;实施油气、化肥等工业产品定价机制改革;支持企业兼并重组,鼓励企业"走出去",开拓国际市场等。

2. 经济环境调查

经济环境主要指当地的经济发展水平。经济环境影响市场容量和市场需求结构。经济发展水平增长快,就业人口就会相应增加,必然引起消费需求的增加和消费结构的改变;反之,需求量就会减少。对经济环境的调查,可以从生产和消费两个方面进行:

(1) 生产方面。生产决定消费,市场供应、居民消费都有赖于生产。生产调查主要包括对能源和资源状况、交通运输条件、经济增长速度及趋势、产业结构以及国民生产总值等方面的调查。

(2) 消费方面。消费规模决定市场容量。消费调查主要是了解某一国家(或地区)的国民收入、消费水平、消费结构、物价水平、物价指数等。

3. 文化环境调查

文化环境在很大程度上决定着人们的价值观念和购买行为,它影响着消费者购买产品的动机、种类、时间、方式以至地点。经营活动必须适应所涉及国家(或地区)的文化和传统习惯,才能为当地消费者所接受。文化环境调查的内容主要包括教育程度和文化水平、民族分布、宗教信仰、风俗习惯、思维方式和审美观等。

在构成文化的诸因素中,知识水平影响着人的需求构成及对产品的评判能力。知识水平高的地区或国家,科技先进、性能复杂的产品会有很好的销路;而性能简单、易于操作、价格便宜的产品则在知识水平低的地区或国家能找到很好的销路。另外,宗教信仰也是文化环境调查的一个重点。例如,在销往中东地区的各种用品中不能含有酒精,这是因为该地区绝大多数的居民笃信伊斯兰教,严禁饮酒;又如,在我国回民是不吃猪肉的,经营者显然不能在回民聚居区进行与猪肉相关的贸易活动。

4. 气候、地理环境调查

气候、地理环境对人们的消费行为有很大的影响,从而制约着许多产品的生产和经营,如衣服、食品、住房等。同样的产品在不同气候条件下,会有截然相反的需求状况,销售方面当然也会有很大差别。如在"雨城"雅安雨伞很畅销,但在"春城"昆明却销路不畅、受到冷落。地理环境决定了地区之间资源状态分布、消费习惯、消费结构及消费方式的不同。因而,产品在不同的地理环境下适用程度和需求程度会有很大差别,由此引起销售量、销售结构及销售方式的不同。如在"天府之城"成都,由于地势平坦,自行车很畅销;但在"山城"重庆,自行车却不受欢迎。

5. 法律环境调查

企业在市场经营活动中,必须遵守各项法律、法令、法规、条例等。法律环境调查主要是分析研究国家和地区的各项法律、法规,尤其是其中的经济法规。随着买方市场的形成,消费者组织对企业营销活动的影响日益增强,企业管理者在市场活动中必须认真考虑消费者利益,为消费者提供良好的产品和服务。

(二) 消费者调查

消费者调查也称为市场需求调查。对企业来说,市场就是具有一定支付能力的需求。平时所说的产品市场好坏、容量大小等实际上是针对消费者而言的。市场容量的大小制约着企业生产、经营的规模。没有需求,也就谈不上具有市场容量,当然就无法进行生产;需求变化,生产也会随之发生变化。所以,针对消费者所进行的调查是市场调查内容中最基本的部分。

消费者调查的内容主要包括消费需求量调查、消费结构调查和消费者行为调查三个方面。

1. 消费需求量调查

消费需求量调查包括货币收入和人口数量两个方面。货币收入主要包括工资、津贴、奖金、兼职收入、意外收入和赠予等。人口数量主要包括总人口、家庭及家庭平均人口、人口地理分布、年龄及性别构成、教育程度及民族传统习惯等。

2. 消费结构调查

消费结构调查包括人口构成、家庭规模及构成、收入增长状况和商品供求状况等内容。如人口构成在性别、年龄、职业、文化程度、民族等方面的不同,其消费投向会有很大的差异;经济增长,收入水平也会随之相应增加,根据恩格尔系数所测算的消费结构的比重变化,当人们收入增加时,用于吃、穿方面的支出比重会逐渐下降,而用于住、用方面的开支则会呈上升趋势。

3. 消费者行为调查

消费者行为是市场调查中较难把握而又带有不确定性的因素。它受多方面因素影响,如消费者心理、性格、宗教信仰、文化程度、消费习惯、个人偏好和周围环境等。这些因素都可以在一定程度上促成或抑制消费者的购买行为。常见的消费者行为有习惯型购买、理智型购买、感情型购买、冲动型购买和经济型购买等。

(三) 产品调查

产品(或服务)是企业实现盈利和发展的根本载体,针对产品的调查也是市场调查的核心内容。产品调查包括产品生产能力调查、产品实体调查、产品包装调查、产品生命周期调查和产品价格调查等。

1. 产品生产能力调查

产品生产能力与市场商品的可供量直接相关,同时也关系到企业产品未来发展的潜力。产品生产能力调查包括原料、技术水平、资金状况、人员素质等。

2. 产品实体和产品包装调查

产品实体调查是对产品本身各种性能好坏程度所做的调查。产品实体调查包括产品的规格、颜色及图案、味道、式样、原料、功能等各方面的调查。产品包装调查包括销售包装调查和运输包装调查。在产品同质化的今天,产品的包装往往比产品实体本身更重要。因而,产品包装设计也是非常具有前景的行业。

3. 产品生命周期调查

任何产品从开始试制、投入市场到被市场淘汰,都有一个诞生、成长、成熟和衰退的过程,这一过程被称为产品的生命周期。产品生命周期包括引入期、成长期、成熟期和衰退期四个阶段。因此,企业应通过对产品销售量和市场需求的调查,进而判断和掌握企业生产和经营的产品处在什么样的生命周期阶段,以作出相应的对策。

4. 产品价格调查

产品价格调查的主要内容为:目标市场不同阶层的顾客对企业产品的需求程度;竞争产品的定价水平与销售量;现有定价能否使企业盈利。

(四) 市场营销活动调查

市场营销活动调查是系统、客观地收集、整理、分析和解释有关市场营销各方面的信息,为管理者制定、评估和改进管理决策提供依据。

市场营销活动调查包括竞争对手调查、分销渠道调查、服务调查和促销活动调查等。

1. 竞争对手调查

任何产品在市场上都会遇到竞争对手。当产品进入销售旺季时,竞争对手会更多。不论竞争对手的实力如何,要想使自己处于有利地位,首先要对竞争对手进行调查,为制定有效的竞争策略提供依据。

竞争对手调查的内容主要包括:(1)有没有直接或间接的竞争对手,如有的话,是哪些?(2)竞争对手的所在地和活动范围;(3)竞争对手的生产经营规模和资金状况;(4)竞争对手生产经营商品的品种、质量、价格、服务方式及在消费者心中的声誉和形象;(5)竞争对手的技术水平和新产品开发经营情况;(6)竞争对手的营销策略;(7)潜在竞争对手的状况等。

2. 分销渠道调查

分销渠道是指产品从生产领域进入消费领域所经过的通道。在现代经济社会里,大多数商品不能直接送到消费者手中,而只能通过中间环节,即商品经营者(如中间商、经销商、代理人、经纪人等)来完成产品从生产到消费的转移。通过分销渠道调查,有助于企业评价和选择中间商,开辟合理、有效的销售渠道。

分销渠道调查的内容主要包括:(1)企业现有的销售渠道能否满足销售商品的需要?(2)企业的销售渠道是否通畅?如果不通畅,原因是什么?(3)销售渠道中各个环节的商品库存是否合理?能否满足随时供应市场的需要?有无积压和脱销现象?(4)销售渠道中的每一个环节对商品销售提供哪些支持?能否为销售提供技术服务或开展推销活动?

3. 服务调查

企业在销售产品时,虽然产品是核心、载体,但销售产品所附加的服务也至关重要。尤其是消费者面临可供选择的产品同质性高、种类多时,服务便成为企业制胜的法宝。

服务调查的内容主要包括:(1)售前服务;(2)售中服务;(3)售后服务。如你在使用手机遇到问题并得到运营商提供的语言帮助后,几乎都会收到一条关于服务满意度调查的短信。

4. 促销活动调查

促销活动是营销者向消费者传递有关企业及其产品的各种信息,说服或吸引消费者购买其产品的行为,以达到扩大销售量的目的。

促销活动调查的内容主要包括:(1)广告宣传调查;(2)公关活动调查;(3)现场演示调查;(4)优惠或有奖销售调查等。

第五节　市场调查调研方案的设计

市场调查是一项复杂和细致的工作,需要事先作出周密的安排和计划。调查者只有依据调查的目标,合理地安排调查的步骤和程序,使调查工作有计划、高效率地进行,才能避免时间和资金的浪费,并取得预期和满意的调查结果。

一、调研方案设计的重要性

(一)调研方案设计的含义

市场调研方案设计,就是根据调查研究的目的和调查对象的性质,在进行实际调查之前,对调查工作总任务的各个方面和各个阶段进行的通盘考虑和安排,提出相应的调查实施方案,制订出合理的工作程序。调研方案设计是用于指导调研、使之能实现预定目标的具体蓝图。

(二) 方案设计的重要性

哈佛大学有一个非常著名的关于目标对人生影响的跟踪调查。据调查：(1) 27%的人,没有目标;25年后,他们过得很不如意,并且常常抱怨他人、抱怨社会、抱怨这个"不肯给他们机会"的世界。(2) 60%的人,目标模糊;25年后,他们安稳地生活与工作,但都没有什么特别的成绩,几乎都生活在社会的中下层。(3) 10%的人,有清晰但比较短期的目标;25年后,他们的短期目标不断地实现,成为各个领域中的专业人士,大都生活在社会的中上层。(4) 3%的人,有清晰而长远的目标;25年间,他们朝着一个方向不懈努力,几乎都成为社会各界的成功人士,其中不乏行业领袖和社会精英。

其实,他们之间的差别仅仅在于：25年前,他们中的一些人知道自己到底要什么,而另一些人则不清楚或不很清楚。没有人计划失败,却有太多人因为不做计划而失败。成功的人,并不能保证做对每一件事情,但他总是在做重要而有意义的事情,计划就是让我们总是知道什么是重要的,并保证我们在规定的时间去完成。调研方案设计的重要性就在于让调查者明确市场调查到底要做什么以及怎么做等问题。具体而言,调研方案设计的重要性主要体现在以下三个方面：

1. 调研方案的设计是市场调查的重要组成部分

市场调查是一系列调查事项和阶段的组合,包括调研方案设计、调查资料的收集、调查数据的整理和分析、调查报告的撰写等。调研方案设计是整个调查过程的第一步,是调查工作的先行部分。做好调研方案设计,可以使调查人员有计划、高质、高效地完成调研任务。

2. 调研方案的设计有利于提高调查工作的效果

市场调查是一项复杂的工作,在调查过程中会遇到许多矛盾和问题,会碰到多种困难和障碍。这些问题来自调查的内外部。因此,做好调研方案设计,可以使调查者抓住主要矛盾,合理分配资源,从而提高调查工作的效率和效果。

3. 调研方案设计是团队取得委托方信任的依据

对于委托外包的市场调查项目,常常有多个团队去竞争。调研方案设计的好坏是衡量研究团队研究水平的标准,是研究团队取得委托项目的依据。

二、调研方案设计的内容

(一) 调研方案设计要解决的问题

调研方案设计要解决的问题包括以下几个方面：(1) 为什么——为什么要进行这次

调研?(2)什么——从被调研者那里,我们应该得到什么信息?(3)什么方式——以什么方式获取信息?采取什么样的调研方法?(4)谁——对谁进行调研?抽多少人的样本?(5)何地——应该在什么地方与被调研者接触以获得信息?(6)何时——什么时间从被调研者那里获取信息?(7)如何——如何统计?(8)多少——需要安排多少费用?

概括起来,调研方案设计要解决的问题为5W1H。5W1H是管理工作中对目标计划进行分解和进行决策的思维程序。以上问题的英文第一个字母为5个W(Why、What、Where、When、Who)和1个H(How),所以简称5W1H工作法。运用这种方法分析问题时,先将这六个问题列出,得到回答后,再考虑列出一些小问题,又得到回答后,便可进行取消、合并、重排和简化工作,对问题进行综合分析研究,从而产生更新的创造性设想或决策。

(二)调研方案设计的内容

市场调查的总体方案设计是对调查工作各个方面和全部过程的通盘考虑,包括了整个调查工作过程的全部内容。调查总体方案是否科学、可行是整个调查成败的关键。市场调研方案设计包括的主要内容如图1-2所示。

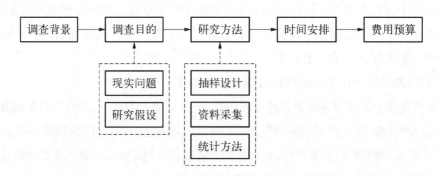

图1-2 调研方案设计的主要内容

如图1-2所示,调研方案设计的主要内容包括调查背景、调查目的、研究方法、时间安排和费用预算等。下面分别予以介绍。

1. 调查背景

调查背景是指一项课题的由来、意义、环境、状态、前人的成果等,以及调查研究该课题目前所具有的条件等。

2. 调查目的

调查目的在调查背景的基础上回答Why,即为什么要进行这项调查。调查目的一般来自两个方面:一方面来自现实问题的提炼;另一方面来自研究假设。明确调查目的是调查设计的首要问题,只有确定了调查目的,才能确定调查的范围、内容和方法,否则,就会列入一些无关紧要的调查项目,而漏掉一些重要的调查项目,无法满足调查的要求。

3. 研究方法

这里的研究方法包括抽样设计、资料收集和统计方法。抽样设计回答 Who,即对谁进行调研,抽多少人的样本。资料收集回答 How,即以什么方式获取信息,采取什么样的调研方法;Where 回答应该在什么地方与被调研者接触以获得信息;When 回答在什么时间从被调研者那里获取信息。统计方法回答 How,即如何统计。

4. 时间安排

时间安排是指确定调查工作的开始时间和结束时间。这包括从调查方案设计到提交调查报告的整个工作时间,也包括各个阶段的起始时间,其目的是使调查工作能及时开展、按时完成。为了提高信息资料的时效性,在可能的情况下,调查期限应适当缩短。

5. 费用预算

费用预算是指确定调查费用支出成本而做的成本预算。一般事先做好计划,然后严格按预算执行,如果有超出,则需要经过特别的流程进行审批。事后对预算和执行情况进行对比研究分析。

本 章 小 结

市场调查与预测对企业的经营决策具有重要作用。本章主要介绍了市场调查与预测的基本概念、原则和内容及市场调研方案的设计。市场调查的内容主要包括社会环境调查、消费者调查、产品调查和市场营销活动调查四个方面。调研方案设计是用于指导调研、使之能实现预定目标的具体蓝图。调研方案设计的主要内容包括调查背景、调查目的、研究方法、时间安排和费用预算等。

思考题

1. 如何理解市场的含义?
2. 影响消费的因素有哪些?你认为哪项最重要?
3. 市场调查的内容主要包括哪些方面?
4. 如何制定一份好的调研方案?
5. 试想象市场调研的未来。

第二章 市场调查方法(一)
——文案法

开篇案例

"康师傅"方便面通过二手资料分析进入内地市场

"康师傅"方便面的生产商是一家台资企业,其投资者是我国台湾的顶新集团。顶新集团的创业者是魏氏四兄弟。魏氏兄弟经营着从父亲魏德和手里接过来的"鼎新油坊",这是他们的父亲于1959年在我国台湾彰代乡村创办的小作坊。

1989年,魏家与北京农工联合公司合资成立了北京顶好清油公司。通过广告语"用顶好的清香油,顶有面子。"并反复播放,顶好清香油家喻户晓。然而,食用油的销路并不好,因为当时内地的老百姓消费水平还没达到"要面子"的程度,大家习惯了用廉价的散装油,而十几块钱的瓶装"清香油"质量虽好,价格却远远超过了老百姓的心理底限。在内地经销瓶装油失败后,魏氏兄弟又在济南试推"康莱蛋酥卷",还曾经到内蒙古投资生产一种蓖麻油,结果都以失败告终;失败的原因和瓶装油一样,高估市场。从1989~1991年,魏应行从台湾带到内地的1.5亿元台币,一大半都打了水漂。当魏应行准备离开内地打道回府之际,他的机会却悄悄来了。

一天,魏应行外出办事。因为不太习惯火车上的饮食,便带了两箱从台湾捎来的方便面,没想到这些在台湾非常普遍的方便面却引起了同车旅客的极大兴趣。当饥肠辘辘的魏应行从旅行箱里掏出一包方便面准备充饥时,好几个乘客问他:"这方便面在哪儿买的?"然后用一种好奇的目光盯着他手里的方便面。在尝过这种方便面后,大家纷纷夸奖这面好吃、方便,两箱面很快就一扫而空。这次经历使魏应行发现了一个新的创业契机,他看着两个空空的纸箱,脑子里灵光一闪:方便面有市场,为何不生产方便面呢?

20世纪90年代初,内地有400多条方便面生产线,竞争十分激烈。当时康师傅在台湾是一家很不起眼的小企业。魏应行通过公开媒体等二手资料调查发现,内地方便面市场存在一个需求空档,内地厂家大多生产的是低档方便面,而中高档方便面却无人生产。魏应行认为,随着内地经济的发展和人们生活水平的提高,对中档方便面的需求必将越来越大。在调查中他还发现,内地厂家生产的方便面,不太注重口味和营养,也未必能达到真正的方便。基于调查,他决定以中高档产品为拳头产品进入内地市场。目前,康师傅已形成多个品种。据 AC 尼尔森 2009 年 12 月的调研数据显示,康师傅方便面在内地市场销售量与销售额的市场占有率分别为 41.7% 和 54.6%。

案例思考:
1. 文案调查应如何进行?
2. 文案调查有哪些渠道?

第一节 文案法概述

一、文案调查的含义

文案调查(Desk Research)是指通过搜集各种历史的和现实的动态统计资料,从中摘取与市场调查课题有关的情报,在办公室内进行统计分析的调查方法。文案调查法又称资料查阅寻找法、间接调查法、资料分析法或室内研究法。

文案调查强调在办公室内进行是因为调查者不需要亲自到被调查的现场进行访问、观察和实验,只需要在办公室、图书馆或电脑前查阅历史资料就能完成。文案调查所获的信息属于二手资料。二手资料也称次级资料,是指特定的调查者按照原来的目的已搜集、整理的各种现成的资料,如年鉴、报告、文件、期刊、文集、报刊、各种公报、在线数据库等所提供的资料。

二、文案调查的功能

文案调查可为实地调查提供背景材料。在实地调查正式开始前,策划者需要大量的背景资料帮助其做调研策划或设计,这些资料只能依靠文案调查法获取。例如,通过文案调查,可以初步了解调查对象的性质、范围、内容和重点;提供实地调查无法或难以取得的市场环境等宏观资料;建立并证实实地调查所需的各种调查假设;通过文案调查资料和实地调查的对比,反映实地调查结果的准确性和可靠性等。

三、文案调查的特点

与实地调查相比,文案调查有以下几个特点:

第一,文案调查是搜集已经加工过的文案,而不是对原始资料的搜集。

第二,文案调查以搜集文献性信息为主,它具体表现为搜集各种文献资料。当代印刷型文献资料有许多新的特点,如数量急剧增加、分布十分广泛、内容重复交叉、质量良莠不齐等。

第三,文案调查所搜集的资料包括动态和静态两个方面,尤其偏重于从动态角度搜集各种反映调查对象变化的历史与现实资料。

四、文案调查的原则

文案调查需要遵循一定的原则,具体来讲包括以下四个方面:

(一) 相关性原则

要重点搜集与调查项目主题关系最密切的情报资料,根据调查的目标和要求确定资料选择的范围和内容。

(二) 时效性原则

在搜集资料时要考虑资料的时间背景,摒弃过时的、与目前市场情况不相符的资料内容,确保搜集的资料能够准确地反映调查对象的发展规律性。

(三) 系统性原则

为了准确地反映调查对象的时间序列特征,必须保证所搜集的间接资料是完整的、系统的。如果搜集的市场信息不完整,很可能导致决策者的决策失误。

(四) 效益性原则

文案调查的目的就是为了省时、省钱。因此,在进行文案调查前必须制订详尽的计划,确定资料的来源,计算出合理成本,最大限度地利用免费资料。

五、文案调查的利弊

(一) 优点

文案调查的优点具体表现在以下几个方面:(1)可获得超越时空条件的限制文献资料。如通过文案调查,可以了解我国上下五千年的历史。(2)避免因调查者心理因素而产生的种种反应性误差。(3)方便实施。调查者可以从书籍、报纸、网络等多渠道进行文案调查,非常方面。(4)费用低廉。现代网络非常发达,凡是不知道的知识都可以在网络上找到答案;而网络费现在已非常便宜,文案调查的费用较低。

(二) 缺陷

文案调查的缺陷主要存在于两个方面:(1) 时效性较差。以获取知识的重要途径书籍为例,一本教材从素材的积累到最终出版一般都需要 3~5 年的时间;当教材用于教学时显然时效性已比较差了。(2) 不够全面系统。文案资料是前人为了其自身目的而搜集整理的资料,其内容、视角等与文案资料的使用者可能存在较大差异。因而,只搜集文案资料就进行市场决策是不可行的。

第二节 文案调查的方法

一、文案资料的来源

文案资料的来源主要有两个途径:一个为企业内部,另一个是企业外部。

(一) 内部资料

内部资料是与企业生产经营活动有关的各种资料,包括市场调查部门汇编的资料、客户订货单、库存台账、发货单等。通过对这些资料信息的搜集和分析,可以掌握本企业所生产和经营商品的供应情况以及分地区、分用户的需求变化情况等。具体来说,可分为以下几个方面:

1. 业务资料

业务资料包括与企业业务经济活动有关的各种资料。如订货单、进货单、发货单、合同文本、发票、销售记录、业务员访问报告等。

2. 统计资料

统计资料主要包括各类统计报表,企业生产、销售、库存等各种数据资料和各类统计分析资料等。

3. 财务资料

财务资料反映了企业活劳动和物化管理占用和消耗情况及所取得的经济效益,通过对这些资料的研究,可以确定企业的发展前景,考核企业的经济绩效。

4. 企业积累的其他资料

企业积累的其他资料如剪报、各种调研报告、经验总结、顾客意见和建议、同业卷宗及有关照片和录像等。

这里有一个关于内部资料整理获取文案信息的小故事——啤酒和尿布的故事。

啤酒和尿布

沃尔玛超市发生过一件这样的趣事。在一个夏季,管理者发现在那段时间里婴儿尿布和啤酒的销量次第拔高,这如果在一般的商店也许就会被忽略过去,但沃尔玛超市的管理者没有轻易放过这个现象。他们立即对这个现象进行了分析和讨论,并派出专门的队伍在卖场内进行全天候的守候观察,最后,这个现象的谜底终于水落石出:原来,购买这两个产品的顾客一般都是年龄在25～35周岁的青年男子,由于孩子尚在哺乳期,所以每天下班后他们都会遵太太的命令到超市里为孩子购买婴儿纸尿裤,每当这个时候,他们大都会为自己顺带买回几瓶啤酒。沃尔玛的管理者立即针对此现象采取行动:(1)将卖场内原来相隔很远的妇婴用品区与酒类饮料区的空间距离拉近,减少顾客的行走时间;(2)根据本地区新婚新育家庭的消费能力的调查结果,对这两个产品的价格进行了调整,使价格更具吸引力;(3)向一些购物达到一定金额的顾客赠送婴儿奶嘴及其他小礼品。通过这些策略,大大提升了原有顾客的满意度,而且还吸引了商圈内其他超市的同类顾客的光临。该店的啤酒和婴儿尿布的销售都取得了相当不错的业绩。

上述啤酒和尿布的故事给我们的启示有三点:(1)信息是有价值的,但价值要自己去发现;(2)内部资料的整理是发现信息的一种方式;(3)在发现有价值的信息后要及时加以运用,以获得更大的成效。

(二) 外部资料

外部资料是存在于企业外部的资料,包括外部机构搜集整理的资料、各种书籍、杂志等出版物方面的资料和数据库信息等。具体来说有以下几种:

1. 国家统计机关公布的统计资料

国家统计局(http://www.stats.gov.cn/)和各地方统计局都定期发布统计公报等信息,并定期出版各类统计年鉴,内容包括全国人口总数、国民收入、居民购买力水平等,这些均是很有权威和价值的信息。这些信息都具有综合性强、辐射面广的特点。

2. 行业协会发布的行业资料

行业协会资料主要是指大量用来为本行业或协会内部服务的信息资料,如一般的行业文献以及各企业的年度报告、各种专业及贸易协会的内部或公开出版资料等。

3. 图书馆提供的书籍、文献、报纸、杂志

图书馆大量的专业书籍、文献和报纸、杂志能提供有关本国和外国的市场背景资料、贸易统计数字资料等；专业研究报告和专著、论文可以提供有关调研课题的大量资料，对企业市场调研有重要参考价值。

4. 国际互联网

互联网是一个世界规模的巨大的信息和服务资源。它不仅为人们提供了各种各样的简单而且快捷的通信与信息检索手段，更重要的是为人们提供了巨大的信息资源和服务资源。通过使用互联网，全世界范围内的人们既可以互通信息，交流思想，又可以获得各个方面的知识、经验和信息。互联网是人类社会有史以来第一个世界性的图书馆和第一个全球性论坛。任何人，无论来自世界的任何地方，在任何时候都可以参加，互联网永远不会关闭。通过网络信息的传播，全世界的人不分国籍、种族、性别、年龄、贫富，互相传送经验与知识，发表意见和见解。

目前，最常被用于信息检索的互联网服务商有百度（http：//www.baidu.com/）和谷歌（http：//www.google.com.hk/）。百度在中文信息检索方面占优势，而谷歌在外文资料检索方面更胜一筹。

5. 在线数据库

在线数据库指提供专业的数据库支持的网站；将数据库放在服务器上，可供用户24小时不间断访问。一般需要有授权才能访问专业的在线数据库。如四川农业大学的在线图书馆（http：//www.lib.sicau.edu.cn/）为其师生提供电子书籍的借阅等服务。专业的在线数据库，如中国知网（http：//www.cnki.net/index.htm）为学者提供专业的文献检索服务。

二、文案资料的搜集方法

文案资料的搜集方法主要包括文献资料筛选法、报刊剪辑分析法、情报联网法和国际互联网法四种。

（一）文献资料筛选法

文献资料筛选法是指从各类文献资料（科研报告、会议文献、论文、专刊文献、档案文献、政府政策条例文献、内部资料以及地方志等）中分析和筛选出与企业生产经营有关的信息和情报的一种方法。

（二）报刊剪辑分析法

报刊剪辑分析法是指调查人员平时从各种报刊上所刊登的与企业经营和市场有关的报道中分析和搜集情报信息的一种方法。

（三）情报联网法

情报联网法是指企业在全国范围内或国外有些地区内设立情报联络网，使情报资料搜集工作的触角伸到四面八方的一种方法。

(四) 国际互联网法

国际互联网法是指调查人员通过国际互联网搜集所需情报信息的一种方法。国际互联网有两个重要的信息源：一个是公司、组织机构、个人创设的推销或宣传他们的产品或服务的网站，如消费者可以通过戴尔（Dell）电脑中国官方网站（http：//www.dell.com.cn/）来了解其最新的产品；另一个信息源是由对特殊主题感兴趣的人组成的论坛，如正在学习 SPSS 统计软件的同学可以通过人大经济论坛 SPSS 专版（http：//bbs.pinggu.org/forum‐65‐1.html）网站来获取很多有价值的资料。

三、文案资料的分析整理

文案资料搜集后，需要对其进行分析和整理。文案资料的分析和整理包括三个方面的内容，即文案资料的评价、文案资料的归类和文案资料的统计。

（一）文案资料的评价

文案资料的评价是对其相关性、准确性和系统性的评价。

1. 相关性评价

相关性评价是评价所搜集的资料与调查项目主题关系是否密切，资料的专门程度够不够格等。一方面可以由经验丰富的人员通过经验判断；另一方面也可以通过专业的软件进行分析，如 SPSS 软件的项目分析和因素分析等。

2. 准确性评价

准确性评价是评价所搜集的资料是否有误，资料所涉及的时期是否适当、有没有事过境迁，与第一手资料的接近程度如何等。准确性评价也可以借助 SPSS 软件的信度分析和效度分析来进行。

3. 系统性评价

系统性评价是评价所搜集的资料是否全面，资料是否针对与课题最有关的各个方面等。

（二）文案资料的归类

对文案资料进行评价后，对有价值的文案资料要进行归类。文案资料的归类即对文案调查所搜集到的资料进行分组、汇总，使之条理化、系统化。因为通过各种途径获得的文案资料是零星的、分散的，只有通过分组才得到有价值的信息。

文案资料归类的方式有很多种，可以按项目分组、按用途分组和按重要性分组等。本章对资料的归类汇总不作介绍，将在后面的章节进行详细介绍。

（三）文案资料的统计

对文案资料的归类不能较好地呈现资料的特征和潜在信息，因而需要对文案资料进行统计分析。常用的统计方法是用统计图和统计表的形式对资料进行统计分析,在此基础上应用相关分析、回归分析等方法对资料进行深入分析。本章对资料的统计分析也不作介绍,将在后面的章节进行详细介绍。

四、文案调查体系的建立和管理

(一) 文案调查体系的建立

企业除了可根据有关调查课题进行文案调查外,还应在平时有目的、有系统地搜集并积累各类市场资料,为开展常规性的文案调查打下良好基础。文案调查体系的建立应着手抓好以下几项工作:

1. 建立标准化流程

制订一套文案调查的内容体系和信息搜集、处理、保存、传输的工艺流程,逐步配备现代化的信息工具和手段,加快信息的流动速度。

2. 培育专门人才

根据企业生产经营和长远发展的需要,配备专门的调研人员,培养一支精干、有力的情报队伍。

3. 加强信息管理

提高信息传递速度,保证信息质量,增强企业利用信息的能力。力求用最短的流程、最快的速度、最简便的传递方式解决企业经营管理过程中的决策、计划等一系列战略、策略问题,发挥信息在企业中的"雷达"、"眼睛"作用。

(二) 文案调查资料的储存管理

文案调查的许多资料是可供长期使用的,对这部分资料就需要加以合理的储存与保管。文案调查资料储存和管理方式主要有两种:一种是经济档案式的储存和管理方式;另一种是采用电脑进行储存和管理。

1. 经济档案式的储存和管理

为反映市场发展变化过程,便于企业科学积累资料,企业应针对各自的特点为资料建立经济档案,这是文案调查资料管理的重要形式。

2. 采用电脑进行储存和管理

电脑储存和管理方式是把与企业经营有关的各种信息资料输入电脑中,利用电脑对资料进行储存、查找、排序、累加和计算,这种方式不仅可以大大节约储存时间和空间,而且还可以提高数据资料处理、利用的效率和精度。

本 章 小 结

文案法是获取资料、信息的重要方法。文案法属于二手资料调查法。本章主要介绍了文案法的含义、功能、特点、原则和利弊以及文案调查的方法。文案资料的来源可以分为企业内部和外部；搜集文案资料的方法主要有文献资料筛选法、报刊剪辑分析法、情报联网法和国际互联网法四种。对搜集来的文案资料要进行评价、归类和统计整理，最后应建立文案资料的常规调查体系和管理模式。

1. 如何理解文案法是桌面调查？
2. 如何利用文案法从学校图书馆获取需要的文献？

第三章 市场调查方法(二)
——观察法

开篇案例

关于顾客对鞋的颜色偏好的观察

一、观察目的

研究顾客对鞋的颜色的偏好及原因。

二、观察的对象

进入雅安市北街真维斯专卖店的60名顾客(男、女各30名)。

三、观察时间

2013年3月7日下午4:00~5:00。

四、观察地点

雅安市北街真维斯专卖店。

五、观察内容分类及定义

1. 性别:男、女。

2. 鞋的颜色:(1)黑色;(2)白色;(3)黄色;(4)绿色;(5)紫色;(6)红色;(7)蓝色;(8)棕色;(9)其他。

(说明:对于杂色的鞋,如果有一种颜色占1/2以上就归为此种颜色,颜色平均就归为其他类。)

3. 设计的观察工具。

性别＼颜色	黑	白	黄	绿	紫	红	蓝	棕	其他
男									
女									

4. 实施观察(略)。

5. 观察结果及分析。

(1) 观察结果。

观察结果如表3-1所示。

表3-1 顾客对鞋的颜色的偏好

		黑	白	黄	绿	紫	红	蓝	棕	其他
男性	人数(人)	8	7	1	0	0	2	8	1	3
	比例(%)	13	12	2	0	0	3	13	2	5
女性	人数(人)	3	8	2	2	0	9	3	3	0
	比例(%)	5	13	3	3	0	15	5	5	0

(2) 结果分析。

根据统计资料,结合定性分析可知:男性偏重于黑色和蓝色,认为这两种颜色代表稳重;女性则偏重于红色和白色,红色代表热情、有活力,白色代表纯洁。红色在我国古代备受推崇;代表吉祥的红色现如今被流行元素所包围,使红色成为流行色,这也是红色占多数的原因之一。男性其他类所占比例为5%,占有一定地位;这也许说明男性偏好于"另类"和"与众不同"的风格。而女性在其他类中比例为0意味着几乎没有女性穿杂色鞋子,或者是杂色比较少的鞋子;这也许显示出女性较之于男性更单纯。

第一节 观察法概述

一、观察法的含义

观察法(Observational Survey)是调查员凭借自己的感官和各种记录工具,深入调查现场,直接观察和记录被调查者行为,以收集市场信息的一种方法。

对市场现象进行实地观察,是市场调查最基本的搜集资料方法之一。观察是认识市场的起点。市场调查中的观察法,与人们日常对其他现象的一般观察不同,也与对自然现象的观察不同,而是观察者根据某种需要,有目的、有计划地搜集市场资料、研究市场问题的过程。观察法属于一手资料的搜集方法。

二、观察法的特点

观察法具有明显的特点。具体而言,主要包括以下三个方面:

(一) 直接

观察法的观察结果是当时正在发生的、处于自然状态下的市场现象。市场现象的自然状态是各种因素综合影响的结果,没有人为制造的假象。在这样的条件下取得的观察结果,可以真实和直接地反映市场的实际情况。

(二) 客观

对市场现象的观察,可以在自然状态下进行,也可以在实验室条件下进行。自然状态和实验室条件下的观察,都不带有任何人为制造的假象,完全依市场现象所处时间、地点、条件下的客观表现进行观察,以保证观察结果的客观性。观察法得到的是"眼见为实"的资料。

(三) 全面

观察法在实施之前,必须根据市场调查目的对观察对象、观察项目和观察的具体方法等进行详细计划,设计出系统的观察方案。对观察者必须进行系统培训,使之掌握与市场调查有关的科学知识,具备观察技能,这样才能做到对市场现象进行系统、科学的观察。同时,观察者可以系统、全面地对市场现象进行全方位观察。

三、观察法的分类

按不同的分类标准,观察法可以分成不同的类别。

(一) 按参与程度划分

按参与程度划分,可以把观察法划分为完全参与性观察、不完全参与性观察和非参与性观察三种。

1. 完全参与性观察

观察者隐瞒自己的真实身份,较长时间地隐身于被观察者群体之中,亲自体验被观察者的处境与感受,更快、更直接地掌握事态发展情况。例如,很多企业为了获取市场信息,常年在一些大商场中派驻观察员,他们以工作人员的身份直接与顾客接触,通过有意识的观察活动了解市场情况,把握市场动态。

2. 不完全参与性观察

调查者参与被观察者的群体活动,但不隐瞒自己的真实身份,取得被观察者的容纳与信任,置身于观察者群体之中去获取资料。

完全参与性观察和不完全参与性观察统称为参与性观察。

3. 非参与性观察

调查者不参与被观察对象的任何行动,也不干预事件的发生过程,主要依靠耳闻目睹,完全处于客观立场,实事求是地记录事件发生、发展的真相。非参与性观察往往需要配备一定的观察设备和记录设备,如望远镜、反窥镜、摄像机、计数仪器、计数表格等,以尽量保证观察的隐蔽性,降低调查人员的计数负担,提高资料的可靠程度。

参与性观察和非参与性观察各有优缺点,也各有其作用,不能绝对地说哪种好哪种不好。一般来说,参与性观察对市场现象的观察较深入、细致,不但可以观察到市场现象的具体表现,还可以了解其较深层次的活动。但是参与性观察花费的时间较长,观察者必须实际参与市场活动的全过程或某个阶段,才能观察到现象的表现。非参与性观察则能做到比较客观、真实地搜集资料,不会因为参与了市场活动而对市场现象产生某些主观倾向。但非参与性观察难于对市场现象作出很深入的观察。在实际调查中,应根据调查目的和调查内容确定须选用的方法。

(二) 按是否标准化划分

按是否标准化,可以把观察法划分为系统观察和随机观察两种。

1. 系统观察

根据调查目的,按照标准化规程做总体规划,预先拟定观察提纲,确定观察具体对象和项目,以标准化的手段、观察程序和观察技术,有计划地系统观察。

2. 随机观察

对观察的内容、程序等事先并不严格规定,只要求观察者有一个总的观察目的和原则,或有个大致的观察内容和范围,在观察时根据现场的实际情况,进行有选择的观察。

系统观察的突出特点是观察过程的标准化程度高,所得到的调查资料比较系统。系统观察的关键在于要事先对市场现象做探索性分析研究,制订出既有实用性又有科学性的观察计划。随机观察灵活性大,调查者在观察过程中,可以在事先拟定好的步骤、提纲基础上,充分发挥主观能动性。但随机观察的资料一般不够系统,不便于资料的整理和分析。在采用实地观察法搜集市场资料时,对于可以确定其发生时间、地点、条件和内容的市场现象,当然可采取系统观察;而对于不确定的市场现象,则只能用随机观察,因为调查者事先无法对它作出详细的观察计划。

(三) 按观察时间划分

按观察时间划分,可以把观察法划分为时间纵向序列观察和时间横向序列观察两种。

1. 时间纵向序列观察

通过对某一事项的连续观察调查,取得前后顺序不同时间的连续资料。如对某个厂或某个商店进行连续几个月甚至长达几年的产品销售观察。

2. 时间横向序列观察

在某一特定时间内对若干个调查对象所发生的事态同时加以观察记录，取得相关资料。

对于时间序列数据，要研究市场现象的历史变化时应当运用时间纵向序列观察；而对于截面数据，要进行不同对象的对比研究时则应采用时间横向序列观察。

(四) 按是否借助专门观察工具划分

按是否借助专门观察工具划分，可以把观察法划分为直接观察和测量观察两种。

1. 直接观察

观察人员直接到商场、街道、家庭等处进行实地观察，不借助专门的观察工具。直接观察一般是只看不问，不使被调查者感觉到在接受调查。调查在比较自然的状态下进行，容易得到比较真实的情况。

2. 测量观察

观察人员运用一些技能手段，如卡片、符号、速记、记忆和机械记录等实施的观察。适当的观察技术对提高调查工作的质量有很大的帮助。如广告公司想了解电视广告的效果，可选择一些家庭做调查样本，把一种特殊设计的"测录仪"装在这些家庭的电视机上，自动记录所收看的节目。经过一段时间，就可了解到哪些节目、哪些频道收看的人较多，在以后的工作中根据调查结果合理安排电视广告的播出时间，以获得较好的效果。

直接观察实施比较简单，能得到具体、生动的印象，形成对事物的整体认识。但人的感官接受和存储信息的能力有限，难以形成对被观察现象完整、精确的认识。测量观察突破了直接观察中观察者的感官局限，可重复观测，反复分析。

四、观察法的原则

应用观察法搜集市场资料，只有遵循科学观察的基本原则，才能顺利完成观察，并取得良好的效果。应用观察法，必须遵循以下几条基本原则。

(一) 客观性原则

对市场现象进行客观的观察，是正确认识其本质和发展规律的基础。在观察中观察者必须持客观的态度对市场现象进行观察，切不可按观察者的主观倾向歪曲事实或编造情况。

(二) 全面性原则

观察的全面性是由市场现象复杂性的客观事实决定的，也是科学观察事物的一般要求。对市场现象的观察应力求全面。市场现象常常有多方面的表现和多方面的联系,观察者必须从不同层次、不同角度对市场现象进行全面观察,才能认识市场现象的全貌。

(三) 持久性原则

对市场现象进行客观的、全面的观察,绝不是一朝一夕就可以完成的,必须对市场现象进行深入持久的观察。市场现象极为复杂,随着时间、地点、条件的变化而不断变化。如果不坚持深入持久的原则,则只能观察到现象的表面而忽视了实质,只能观察到现象一时的特殊表现而忽视了其经常性的一般规律。

五、观察法的优缺点

观察法是市场调查研究中的重要方法之一,它是一种非常古老的认识方法,并在现代市场调查中由于各种观察工具的使用而得到进一步发展和深化。它也是市场调查中经常被采用的方法。与其他调查方法比较,观察法的优点和缺点是很明显的。

(一) 观察法的优点

1. 直观、可靠

观察法最突出的优点是可以实地观察市场现象的发生,能够获得直接的、具体的、生动的材料。对于市场现象的实际过程、对当时的环境气氛都可以了解。由于观察的直接性,所得到的一手资料一般具有较高的可靠性,调查结果更接近实际。

2. 简单、易行

观察法灵活性较强,只要选择合适的时间和地点就可随时进行调查。在观察过程中,观察人员可多可少;观察时间可长可短;只要在市场现象发生的现场,就能比较准确地观察到现象的表现。

3. 适用性强

观察法对各种市场现象具有广泛的适用性。观察法基本上是由调查主体一方为主,而不像其他调查方法,要求被调查者具有配合调查的相应能力,如语言表达能力或文字表达能力,这就大大提高了观察法的适用性。

(二) 观察法的缺点

1. 深度不够

古语云:"知人、知面、不知心。"观察法只能观察被观察对象的外部动作和表面现象,其内在因素和动机则观察不到,有时候需要投入大量的人员长时间地观察方可发现某些规律性。

2. 限制性比较大

观察法在实施时,常受到时间、空间和经费的限制。如在时间上它只能观察当时的情况,对市场现象过去的和未来的情况却无法观察;在空间上它只能观察某些点的情况,而难以做到宏观的全面观察。观察法一般需要大量人员到现场长时间观察,调查费用支出较大,比较适用小范围的微观市场调查。另外,在调查中如遇突发事件,将使原来的调查计划无法进行。

第二节　观察法的适用范围

在市场调查活动中,观察法的适用范围也非常广。具体来讲,观察法的适用范围主要包括以下几个方面。

一、商品资源和库存场所观察

(一) 商品资源观察

市场调研人员可以通过观察了解工农业生产状况,判断商品资源数量,提出市场商品供应数量的报告。如古语"瑞雪兆丰年"就是通过对农作物生长环境的观察来判断商品的供应状况。

(二) 库存场所的观察

通过对库存场所的观察和库存商品的盘点数,来判断商品的分类结构,观察商品的储存条件,从而了解存货货源及销售数量,计算储存成本,检查分析热销商品的情况等,为企业购销决策提供依据。

二、顾客行为观察

了解顾客行为可促使企业有针对性地采取恰当的促销方式。通过观察顾客在营业场所的活动情况,可以了解顾客的构成、顾客的行为特征、偏好及成交率等重要市场信息资料。顾客行为观察包括顾客购物的偏好、顾客对商品价格的反应、顾客对商品性能的评价和顾客对商标的选择等。

三、营业状况观察

营业状况观察主要是通过观察营业现场的情况,综合分析判断企业的经营管理水平,商品供求情况。营业状况观察主要包括商品的陈列、橱窗的布置、商品价格的变动、促销活动和顾客流量等。

四、人流量观察

通过记录某一地段、街道在一定时间内的行人或车辆的数目、类型及方向,借以评定、分析该地域的商业价值或交通情况。观察顾客流量对商场改善经营、提高服务质量有很大好处。例如,观察一天内各个时间进出商店的顾客数量,可以合理地安排营业员工作的时间,更好地为顾客服务;又如,为新商店选择地址或研究市区商业网点的布局,也需要对客流量进行观察。人流量观察包括行人流量观察、非机动车流量观察、机动车流量观察和道路特征观察等。

第三节 观察法的应用

一、观察法的步骤

观察法的实施步骤主要包括以下五步。

(一) 明确观察的目的和意义

明确在观察中要了解什么情况,搜集哪些方面的事实材料,确定观察对象、时间、地点、内容和方法。重点要注意以下几个方面:

1. 合理选择观察对象

在选择观察对象时,一方面要考虑与之配合的调查方式的要求,例如,典型调查必须选择对总体具有代表性的单位;抽样调查要按随机抽样抽取各种类型的调查单位。另一方面还要考虑观察法本身的特点,选择那些符合调查目的、便于观察的单位作为观察对象。

2. 确定适当的观察时间和地点

市场现象处在不断变化当中,在不同时间、不同地点会有不同表现。而观察法又必须在市场现象发生的当时当地对其进行观察,这就决定了确定观察的时间、地点在观察法的应用中特别重要,它关系到所制定的观察项目是否能被观察到。在实际调查中,确定最佳的观察时间和地点并不很容易,应根据实际情况灵活确定。

3. 正确灵活地安排观察顺序

对市场现象的观察顺序一般有三种安排方法。第一种是主次顺序观察法,即先观察主要的对象和主要的项目,再观察次要的对象和次要项目。第二种是方位顺序观察法,即按观察对象所处位置,由远到近、由上到下、由左到右地观察;这种观察方法可以保证对处在一定空间的市场现象进行全面观察。第三种是分解综合顺序观察法,即把所观察的市场现象做整体到局部的分解,然后采用先局部后整体或先整体后局部的顺序观察,最终得到对市场现象的综合观察。在实际观察中,可根据市场现象的特点,灵活安排观察的顺序。

(二) 建立观察对象的初步认识

搜集有关观察对象的文献资料,对所要观察的条件有一个一般的认识。

(三) 编制观察提纲

对观察内容进行明确分类,并确定观察的重点。

(四) 实施观察

该步骤要做到有计划、有步骤、全面而系统地观察。

(五) 记录并收集资料

在实施观察法时必须认真做好观察记录,把所观察到的现场表现在一定的物质载体上表现出来。观察法的记录可采取两种形式:一种是同步记录,即一边观察一边记录,这种形式用得比较多;另一种是观察后追记,即在观察过程结束后再将观察结果记录下来,这种方法适合于不能或不宜做同步记录的一些特定情况。做观察记录,除了采用笔记以外,还可根据需要利用观察工具做一些现场记录;如对现场情况进行拍照、录像等。这些记录可以使观察资料增加生动、具体的内容,有时甚至是必不可少的记录形式。

二、观察的方法

观察的具体方法比较多,主要有实况评录法、时间取样法、事件取样法和日记描述法等。

(一) 实况评录法

实况评录法是在一段时间内,连续地、尽可能详尽地记录被观察对象的所有表现或活动,从而进行研究的方法。

实况评录法的目的是无选择地记录被研究行为或现象系列中的全部细节,获得对这些行为或现象详细、客观的描述。如对一天内某超市中顾客的所有行为均进行观察和记录。

(二) 时间取样法

时间取样法是指在一定时间内,按着一定的时段观察预先确定好的行为或表现,从而进行研究的方法。

时间取样法是把被研究者在每一时间阶段中的行为看成通常情况下的一个样本,

如果抽取充分多的时段,在这些时间段中所观察到的行为,便可得出规律性的结论。如在为期一个小时的时间内,每十分钟记录一次大学生的上网行为以研究大学生的上网情况。

(三) 事件取样法

事件取样法是指根据一定的研究目的观察某些特定行为或事件的完整过程而进行的研究方法。

事件取样法不受时间间隔与时段规定的限制,只要所期待的事件一出现,便可记录。记录方法可采用行为分类记录系统与对事件前因后果及环境背景等的描述性记录结合起来使用。如对顾客抱怨行为的研究。

(四) 日记描述法

日记描述法是指对同一个或同一组顾客以日记的形式描述被观察者长期反复的行为表现,从而进行研究的方法。

日记描述法一般适用于个案研究,当观察者与被观察者关系较密切或接触频繁时也常运用。如一家电动剃须刀生产商准备在市场推出一种新设计的电动剃须刀,它应能弥补老产品存在的某些缺陷。为此企业聘请了100位男士,请他们在观察表上记下他们使用这种剃须刀的剃须过程。在他们了解了所有要求后,便开始试用。从拿起剃须刀起对产品的手感、从哪儿开始剃须、整个剃须过程所花的时间等都须记录下来。

三、观察的工具

在实施观察法时往往需要借助一定的观察工具。几种常用的观察工具是顾客行踪分析观察表、顾客行为观察表和人流量观察表。

(一) 顾客行踪分析观察表

表3-2 购物中心顾客行踪分析观察表

1. 观察员姓名:_____ 2. 观察日期:_____
3. 观察序号:_____ 4. 观察开始时间:_____
5. 购物中心入口:_____
6. 单独光顾: A. 性别:(1) 女性(　　)　　(2) 男性(　　) B. 年龄:(1) 20岁以下(　　)　　(2) 20～30岁(　　)　　(3) 30～40岁(　　) 　　　　(4) 40～50岁(　　)　　(5) 50～60岁(　　)　　(6) 60岁以上(　　)

续 表

7. 结伴光顾： A. 成年人：(1) 女性（　　）　　（2）男性（　　） B. 儿童：(1) 女性（　　）　　（2）男性（　　）
8. 购物中心顾客行踪： A. 寻购商品；B. 停留时间(分) C. 购物是/否 (1) ＿＿＿＿＿＿＿＿＿＿＿＿＿＿＿＿＿＿＿＿＿＿＿＿＿＿＿＿＿ (2) ＿＿＿＿＿＿＿＿＿＿＿＿＿＿＿＿＿＿＿＿＿＿＿＿＿＿＿＿＿ (3) ＿＿＿＿＿＿＿＿＿＿＿＿＿＿＿＿＿＿＿＿＿＿＿＿＿＿＿＿＿ (4) ＿＿＿＿＿＿＿＿＿＿＿＿＿＿＿＿＿＿＿＿＿＿＿＿＿＿＿＿＿ (5) 未寻购商品
9. 柜组出口：＿＿＿＿＿＿＿＿＿＿＿＿＿＿＿＿＿＿＿＿＿＿＿＿＿＿
10. 商场出口：＿＿＿＿＿＿＿＿＿＿＿＿＿＿＿＿＿＿＿＿＿＿＿＿＿＿
11. 交通工具： A. 步行（　）B. 乘公共汽车（　）C. 骑摩托车（　）D. 骑自行车（　）E. 开汽车（　）汽车号码：＿＿＿＿＿＿＿
12. 观察结束时间：＿＿＿＿＿＿＿＿＿＿＿＿
13. 被观察人是否注意到有人在观察： A. 未注意到（　）B. 不能确定（　）C. 注意到了（　）
14. 顾客行踪分析观察员注释： 签名：＿＿＿＿＿＿＿

（二）顾客行为观察表

表3-3　永辉超市顾客购物情况观察表

日期：＿＿＿＿年＿＿月＿＿日

时间		顾客基本情况						顾客购物情况					
		男性			女性			食品		日杂		服装	
时	分	老	中	青	老	中	青	—	—	—	—	—	—

（三）人流量观察表

表 3-4　温江区惠民路惠民上街人流量观察表

日期：_____年___月___日

时间		步行行人					过　往　车　辆					
		男性			女性		非机动车		轿　车			卡车
时	分	老	中	青	老	中	青	自行车	电动车	高档	中档	低档	重型	轻型

本 章 小 结

观察法是市场调查最基本的搜集资料方法之一。观察法属于一手资料的搜集方法。本章主要介绍了文案法的含义、特点、分类、原则和优缺点。观察法在商品资源和库存场所、顾客行为、营业状况和人流量调查中被广泛运用。观察的具体方法比较多，主要有实况评录法、时间取样法、事件取样法和日记描述法等。常用的观察工具包括顾客行踪分析观察表、顾客行为观察表和人流量观察表等。

思考题

1. 观察法的优点和局限性分别有哪些？
2. 常用的观察法有哪几种类型？
3. 实施观察法时，有哪些具体要求？
4. 你有没有通过观察别人的穿着来判断一个人？有没有通过观察外形来判定某个人的气质？

第四章 市场调查方法(三)
——实验法

开篇案例

上海市青浦县"大面积提高数学教学质量"的研究

上海市青浦县从1977年开始进行一项持续十余年的数学教改研究,主要分三年教学调查(1977年10月~1980年3月)、一年筛选经验(1980年4月~1981年8月)、三年实验研究(1981年9月~1984年9月)和三年推广应用(1984年9月~1987年8月)四个阶段。

在"教学调查"阶段,在调查学生学习情况、班级特点、数学教师教学情况的同时,研究人员调查了许多有志于数学教学事业的教师的教学经验,从中积累了160余项经验。在这些调查中,他们主要采用的办法是:

(1) 通过听汇报、查教学计划、看历年教学总结、抽查学生作业和试卷、开座谈会、个别交谈等取得调查素材。

(2) 根据教学目的、教学要求、内容组织、概念教学、能力培养、师生配合、方法特点和教学效果等八个因素综合考察一堂课。

(3) 测验并研究学生成绩分布情况,将不同学习水平的学生进行比较,以了解他们学习分化的情况以及知识、能力的不同特征。

(4) 专门的测量,如体质测定、思维测定、理解力测定等。通过比较分析,取得资料。

(5) 其他特殊方法。例如,该县有个农村初中班,教师对学生的指导很得法,学生间的讨论气氛很浓,教师又常抓住几个"小先生"带动全班。为了摸清这个情况,他们借用社会关系调查方法,绘制学生学习讨论关系图,由此进一步探讨如何发挥班级集体作用的问题。

在"筛选经验"阶段,研究人员在一所中学挑选两个试点班和两个对照班开展研

究。当时,研究实验尚无现存方法可循,于是,他们从工作实践出发,探索了一种经验筛选的方法。这种方法的研究顺序一般是:

(1) 分析和总结优秀的教学经验,了解学科教学以及与它有关的其他学科(如心理学、逻辑学和哲学认识论等)的研究成果,然后运用这些经验和成果,结合本县本校的现状和要求提出计划;

(2) 按预定计划,在课堂教学中体现这些经验和成果;

(3) 组织有经验的教师深入课堂,对执教情况进行系统的考察和评价;

(4) 根据考察评价的结果,对原有的经验或成果进行淘汰、发展以及优化处理;

(5) 再计划、再实施、再评价,多次往复,直至筛选出有效的教学措施。

这样,经过一年约50次循环,他们选出4条比较有效的教学措施:

(1) 让学生在迫切要求下学习;

(2) 组织好课堂教学的层次;

(3) 指导学生亲自尝试;

(4) 及时提供教学效果的信息,随时调节教学。

在"实验研究"阶段,研究人员又将筛选出的4条经验概括为"尝试指导"和"效果回授",并探索它们在教学过程中的作用以及在不同类型学校、不同程度班级中的可行性。他们的具体做法主要是:

(1) 设置实验班和对照班,并在此基础上设置对偶比较组。

在初中入学时,将440名学生分成10个班,其中,实验班与对照班各为5个班。在分班时,学生的小学数学基础以及数学方面的思维能力水平经过预测,实验班与对照班学生预测成绩的平均分和分布状况几乎一致;同时,实验班与对照班教师的平均教学水平也比较接近。此外,实验班和对照班均采用全国通用教材,教学进度参照人民教育出版社编的教学参考书中的建议。

为了使实验班与对照班的教学效果的比较更为精确,又从实验班和对照班学生中选取50对学生,从而设置对偶比较组。这50对学生中的每一对,除了上述两项预测成绩几乎相等外,性别相同、家庭环境等情况也十分接近。

(2) 在实验班采取实验处理措施,在对照班维持一般教学方法。

虽然实验班和对照班均采用全国通用教材,教学进度参照人民教育出版社编的教学参考书中的建议;但是,实验班运用"尝试指导"和"效果回授"的方法进行教学,对照班用一般方法教学。实验班的教学以培养学生获得和运用知识的能力为目标，其方法是将教材组织成一定的尝试层次，通过教师指导学生尝试进行学习；同时又非常注意回授学习的结果，以强化所获得的知识和技能。这种教学方法大致可包括"诱导——尝试——归纳——变式——回授——调节"等步骤。

(3) 对实验班和对照班进行相同的检测。

实验中，每个教学单元以及学期结束都进行统一的考试，每学年进行一次阅读能力与思维能力的测验。

实验班和对照班（各5个班）小学基础成绩的合格率、优秀率很接近；但在实验中，实验班的历次学期考试合格率、优秀率全部都高于相应的对照班。此外，在难度、区分度高于学期考试的单元考试中，实验班相对于对照班而表现出的提高从第1次就非常显著。就50对学生的对偶分析而言，实验班学生成绩明显高于对照班学生；在19次单元统一考试中除1次的差异具有显著意义外，其余各次的差异都具有非常显著的意义。（注：在统计学上，"差异具有显著意义"的意思是说：在常态状况中，出现这种差异的概率低于5％，既然出现了，就说明"差异显著"；也可以说，出现的差异有95％以上来自实验措施。"差异具有非常显著的意义"则是说：在常态分布中，出现这种差异的概率低于1％，既然出现了，就说明"差异非常显著"；也可以说，出现的差异有99％以上来自实验措施。）

在三个学年的三次阅读能力测验中，实验班与对照班的成绩差异、50对学生的成绩差异都非常显著。

在三个学年的三次思维能力测验中，实验班与对照班的成绩比较情况是：第一次和第三次差异非常显著；第二次差异显著。就50对学生的成绩而言，第一次和第三次差异非常显著；第二次差异不显著，不过实验班的50名学生的平均分仍比他们的50名对手的平均分高1.33分。

这项实验研究表明：采用"尝试指导"和"效果回授"的教学方法，确实能产生更好的教学效果。

案例思考：

1. 实验法的程序是什么？
2. 实验法由哪些要素组成？
3. 如何检验实验法的效果？

第一节 实验法概述

一、实验法的含义

实验法（Experimental Research）是指从影响调查问题的许多因素中选出一至两个因素，将它们置于一定条件下进行小规模的实验，然后对实验结果作出分析的调查方法。

实验法是从自然科学的实验室试验法借鉴而来的，因而最接近科学实验法，但由于实验中受控制的自变量还不可能包括所有影响因变量的因素，所以其结果虽然能在一定程度上说明其因果关系，但是必然存在着调查误差。这种误差有办法计算，也有办法降低，但不能消除。

二、实验法的特点

实验法的最大特点是把调查对象置于非自然状态下开展市场调查。这样可提高调查的精度。

实验法与观察法比较具有以下特点：

（1）观察法强调在自然状态下进行；而实验法是在非自然状态下进行的，强调实验设计者主观能动性的发挥。

（2）实验是一种特别的调查与观察活动，几乎每一项实验都同时伴随着调查与观察活动；但实验又不同于普通的调查与观察活动，一般来说，在一项比较理想的实验中，实验者应该而且可以控制实验环境，而在调查与观察活动中，调查者却仅仅是收集资料而不改变环境。

三、实验法评价

（一）优点

1. 实验法的结果具有一定的客观性和实用性

实验法通过实地实验来进行调查，将实验与正常的市场活动结合起来。因此，取得的数据比较客观，具有一定的可信度。同时，实验数据的客观性也是科学实验的基本要求。实验取得的数据要求翔实，可重复。例如，一位研究人员通过实验在某一领域取得突破性的进展，同领域的学者就要重复其实验设计，看能否得到同样的实验结果，以验证该研究人员的实验结果。

2. 实验法具有一定的可控性和主动性

调查中,调查者可以成功地引起市场因素的变化,并通过控制其变化来分析、观察某些市场现象之间的因果关系以及相互影响程度。实验法是研究事物因果关系的一种好方法。

3. 实验法可提高调查的精确度

在实验调查中,可以针对调查项目的需要,进行合适的实验设计,有效地控制实验环境,并反复进行研究,以提高调查的精确度。

> 例如,在水稻杂交的实验过程中,四川农业大学的水稻育种专家为了提高实验的精确度,除了在四川进行实验外,还在海南省建立了水稻繁殖基地以更快地进行反复实验。因为,制约于四川的气候环境,四川的水稻育种专家在四川一年只能进行一次水稻栽种实验;而得益于海南省的天然高温气候,水稻育种专家在海南省一年可以进行三次水稻栽种实验。

(二) 缺点

1. 市场中的可变因素难以掌握,实验结果不易相互比较

由于市场现象与自然现象相比,随机因素、不可控因素更多,政治、经济、社会、自然等各种因素都会对市场发生作用,因此,必然会对检验结果产生影响,完全相同的条件是不存在的。

> 德国哲学家莱布尼茨曾讲过"There are no two identical leaves in the world"。有一次,皇帝让他解释一下哲学问题,莱布尼茨对皇帝说,任何事物都有共性。皇帝不信,叫宫女们去御花园找来一堆树叶,莱布尼茨果然从这些树叶里面找到了它们的共同点,皇帝很佩服。这时,莱布尼茨又说:"凡物莫不相异","天地间没有两个彼此完全相同的东西"。宫女们听了这番话后,再次纷纷走入御花园去寻找两片完全没有区别的树叶,想以此推翻这位哲学家的论断。结果大失所望,因为粗粗看来,树上的叶子好像都一样,但仔细一比较,却是形态各异,各有其特殊性。莱布尼茨富有哲理的话告诉我们,实验法(尤其是市场实验)的结果具有很大的不可控性。

2. 有一定的限制性

实验法仅限于对现实市场经济变量之间关系的分析,而无法研究事物过去和未来的情况。

第二节 实验法的有效性要素和原理

一、实验法的基本要素

(一) 主体

实验法的主体是有目的、有意识地进行实验调查的实验者。

在"开篇案例"中,实验法的主体是上海市青浦县进行"大面积提高数学教学质量"实验的研究人员。

(二) 实验对象和实验环境

实验对象和实验环境是实验调查所要认识的客体及其所处的各种社会条件。

在"开篇案例"中,实验法的对象是分成10个班的440名学生。试验环境是学生的小学数学基础以及数学方面的思维能力水平、学生的性别、家庭环境、全国通用的教材和参照人民教育出版社编的教学参考书中的建议教学进度等。

(三) 实验活动

实验活动是改变实验对象和实验环境的实践活动,它们有一个专门称谓"实验激发"。

在"开篇案例"中,实验法的实验活动是实验班运用"尝试指导"和"效果回授"的方法进行教学。

(四) 实验检验

实验检验是实验过程中对实验对象所作的检查和测定。实验检验又分为"前测"和"后测"。

在"开篇案例"中,实验法的实验检验是实验班与对照班学生成绩平均分和分布状况的测量和统计检验。

二、实验法的组成

(一) 自变量与因变量

自变量是实验中的激发因素,是引起实验对象变化的原因。因变量是激发因素的受体,是将要被解释的现象和变化的结果,在实验中处于关键地位。自变量与因变量在不同的实验中,可以互相转化。

在"开篇案例"中,实验法的自变量是不同的教学方法;实验法的因变量是学生成绩的平均分和分布状况。

(二) 实验组与对照组

实验组是接受自变量激发的一组对象；对照组则是不接受自变量激发的一组或几组对象。对照组也被称为控制组。实验组和对照组在实验之前各方面条件和状态都基本一致。设置对照组是因为对照组虽然不接受自变量激发，但受其他外部因素影响，在经过一段时间后，也会自然而然地发生某些变化，这些变化都与实验者的因果关系假设毫不相干；所以，只有从测量结果中排除这些成分，才能得到准确的实验结论。但并不是凡实验必有对照组，例如在单一组实验中，就不设对照组。

在"开篇案例"中，实验法的实验组是运用"尝试指导"和"效果回授"的方法进行教学的 220 名学生；实验法的对照组是用一般方法进行教学的另外 220 名学生。

(三) 前测与后测

前测是进行实验激发之前对实验对象（包括实验组与控制组）所做的测量；后测则是实施实验激发之后对实验对象（包括实验组与控制组）所做的测量。

从两次测量结果的比较中，就能看出实验对象的因变量是否发生了变化、怎样发生了变化以及发生了哪些变化。这正是实验法关注的焦点。

三、实验法的基本原理

实验法的基本原理是实验者假定某些自变量会导致某些因变量的变化，并以验证这种因果关系假设作为实验的主要目标。

在实验开始时，先对因变量进行测量（前测），再引入自变量实施激发，然后选择其后的某一个时点对因变量进行再测（后测），比较前后两次测量的结果就可以对原理论假设完全证实或部分证实或证伪。

四、实验法的基本程序及内容

(一) 准备工作

准备阶段的工作主要有以下几项：确定实验课题及实验目的；提出理论假设；选取实验对象；选择实验方式和方法；制订实验方案。

(二) 具体实施

实施阶段的工作主要有：前测；引入或改变自变量，对实验组进行实验激发；后测。

(三) 资料处理

资料处理阶段的工作主要有：整理分析资料；撰写实验报告。

实验法的基本程序符合我们做任何一件事情合乎逻辑的过程，这一过程可以概括为 PDCA 循环。

PDCA 循环的概念最早是由美国质量管理专家戴明提出来的,所以又称为"戴明环"。PDCA 四个英文字母及其在 PDCA 循环中所代表的含义如下:

(1) P(Plan)——计划,确定方针和目标,确定活动计划;

(2) D(Do)——执行,实地去做,实现计划中的内容;

(3) C(Check)——检查,总结执行计划的结果,注意效果,找出问题;

(4) A(Action)——行动,对总结检查的结果进行处理,成功的经验加以肯定并适当推广、标准化;失败的教训加以总结,以免重现;未解决的问题放到下一个 PDCA 循环。

PDCA 循环实际上是有效进行任何一项工作的合乎逻辑的工作程序。在质量管理中,PDCA 循环得到了广泛的应用,并取得了很好的效果,因此,有人称 PDCA 循环是质量管理的基本方法。之所以将其称为 PDCA 循环,是因为这四个过程不是运行一次就完结,而是要周而复始地进行。一个循环完了,解决了一部分的问题,可能还有其他问题尚未解决,或者又出现了新的问题,再进行下一次循环,其基本模型如图 4-1 所示。

PDCA 循环有如下三个特点:

(1) 大环带小环。如果把整个企业的工作作为一个大的 PDCA 循环,那么各个部门和小组还有各自小的 PDCA 循环,就像一个行星轮系一样,大环带动小环,一级带一级,有机地构成一个运转的体系。

(2) 阶梯式上升。PDCA 循环不是在同一水平上循环,每循环一次,就解决一部分问题,取得一部分成果,工作就前进一步,水平就提高一步。到了下一次循环,又有了新的目标和内容,更上一层楼。图 4-2 表示了这个阶梯式上升的过程。

(3) 科学管理方法的综合应用。PDCA 循环应用以 QC 七种工具为主的统计处理方法以及工业工程(IE)中工作研究的方法,作为进行工作和发现、解决问题的工具。PDCA 循环的四个阶段又可细分为八个步骤,每个步骤的具体内容和所用的方法如表 4-1 所述。

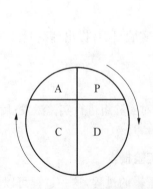

图 4-1 PDCA 循环的基本模型

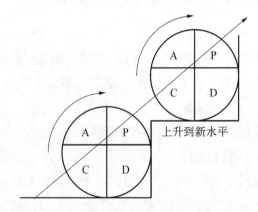

图 4-2 PDCA 循环的步骤和方法

表 4-1　PDCA 循环的步骤和方法

阶段	步骤	主要方法
P	① 分析现状,找出问题	排列图、直方图、控制图
	② 分析各种影响因素或原因	因果图
	③ 找出主要影响因素	排列图、相关图
	④ 针对主要原因,制订措施计划	回答"5W1H" • 为什么制订该措施? • 达到什么目标? • 在何处执行? • 由谁负责完成? • 什么时间完成? • 如何完成?
D	⑤ 执行、实施计划	
C	⑥ 检查计划执行结果	排列图、直方图、控制图
A	⑦ 总结成功经验,制定相应标准	制定或修改工作规程,检查规程及其他有关规章制度
	⑧ 把未解决或新出现问题转入下一个 PDCA 循环	

第三节　几种常用的实验方法

一、实验法的基本类型

实验法按照不同的标准,可作多种不同的分类。

(一) 按照实验的组织方式不同分类

按照实验的组织方式不同,实验法可分为单一组实验和对照组实验。

1. 单一组实验

单一组实验也叫连续实验,是对单一实验对象在不同的时间里进行前测与后测,比较其结果以检验假设的一种实验方法。在这种实验中,不存在与实验组平行的对照组。同一组在引入自变量之前相当于实验中的对照组,在引入自变量之后则是实验中的实验组。检验假设所依据的不是平行的控制组与实验组的两种测量结果,而是同一个实验对象在自变量作用前和作用后的两种测量结果。

2. 对照组实验

对照组实验也叫平行组实验,是指既有实验组又有对照组的一种实验方法。在对照组实验中,要同时对两组观察客体进行测量,比较两组结果以检验假设的实验方法。

对照是实验所控制的手段之一,目的在于消除无关变量对实验结果的影响,增强实验结果的可信度。在对照组试验中涉及实验组和对照组,至于哪个作为实验组或对照组,在不同的对照类型中判断依据不同。

(二) 按照实验的环境不同分类

按照实验的环境不同,实验法可分为实验室实验和现场实验。

1. 实验室实验

实验室实验是在人工特别设置的环境下进行的实验调查。这种实验的环境是所谓"纯化了"的和封闭的,实验者对实验环境可进行严格有效的控制,实验对象除了接受引入的自变量实验激发外,不会受到任何其他外来因素的影响。

> 例如,在某种特别设计的模拟商场里,请一些顾客在观看了相关广告以后购买商品,以观察其购买行为是典型的实验室实验。

2. 现场实验

现场实验是在自然的、现实的环境下进行的实验调查。实验者只能部分地控制实验环境的变化,实验对象除了受到引入自变量的实验激发外,还会受到其他外来因素的影响。

> 例如,在几家商场里以不同的价格销售同一商品,以检验是否有必要改变商品价格是典型的现场实验。

实验室实验和现场实验相比,前者实验结果的准确率要远远高于后者。但社会领域的实验调查仍大多采取现场实验的方法,这是因为实验室实验的成本高,操作复杂,而且样本规模十分有限,所以难以广泛应用。而现场实验所处的环境都是自然的、现实的环境,随时随地可以进行,成本相对较低,操作也简单得多,样本规模可以很大,并且只要对非实验激发因素有较充分的认识和一定控制,也能保证实验结果有较高的准确率,因此应用非常广泛。

(三) 按照实验的目的不同分类

按照实验的目的不同,实验法可分为研究性实验和应用性实验。

1. 研究性实验

研究性实验的目的主要是理论和基础研究。比如,水稻育种专家对水稻 DNA 排序的实验是典型的研究性实验。

2. 应用性实验

应用性实验的目的主要是实践应用。比如,市场营销人员通过改变包装或降价促进产品销售的实验是典型的应用性实验。

二、几种常用的实验设计方法

(一) 非正规设计

非正规设计的主要特点是非随机性,即在选择实验对象时缺乏随机性,但由于其耗资小且容易操作,因此在市场研究中仍得以广泛应用。非正规设计实验的设计方法主要包括无控制组的事后设计、无控制组的事前事后设计、有控制组的事后设计和有控制组的事前事后设计四种。

1. 无控制组的事后设计

这种方法既无控制组,也无事前测量,只是根据事后测量作一"粗略"判断。

> 例如,某制鞋厂认为其鞋子价位偏高,销售不理想,遂在原价位基础上调低10%进行实验性销售。鞋子降价后,销售额比上年同期增长20%。该厂经理认为,如果不采取降价措施,企业绝不会取得如此理想的销售效果,于是决定实施降价策略。

上例是一种典型的无控制组的事后设计,严格来说,这不是一种"实验",至多只能叫"探测性"实验,因为它不是建立在严格的可行性研究基础上,仅凭主观判断即作出了决策。从上例看,销售额的增长有可能是由于降价策略引起的,但也不排除其他随机性因素的影响或交互影响,如意外的大量订单等都有可能导致销售额的增长。如果不分青红皂白,一笔账全算在"降价"头上,很可能导致决策失误。

2. 无控制组的事前事后设计

事前对正常情况进行测量记录,然后再测量记录实验后的情况,进行事前事后对比,通过对比观察了解实验变化的效果。无控制组的事前事后设计也被称为前后单组对比实验。

> 例如,某公司拟扩大洗发露销量,经研究认为应改变原来的包装,但对新设计的包装效果没有把握。为此,公司决定采用无控制组的事前事后设计进行一次实验调

查。公司选择了该厂三种有代表性洗发露的包装作为实验对象。实验期为两个月,先记录三种原包装洗发露在两个月内的市场销售额(事前测量),然后改用新包装,两个月后再计算这三种新包装洗发露的市场销售额(事后测量)。实验调查结果如表4-2所示。

表4-2 包装变更前后洗发露销售额的变化 单位:元

洗发露	事前销售额(x_1)	事后销售额(x_2)	变动(x_2-x_1)
大瓶	2 000	2 400	+400
中瓶	1 300	2 200	+900
小瓶	2 600	3 400	+800
总计	5 900	8 000	+2 100

表4-2的实验结果说明:采用新包装后,洗发露的销售额增加了2 100元。因此,该公司采用新包装是可行的。

上例虽然得出了该公司采用新包装是可行的结论,但并不能说明采用新包装后销售额与实验前旧包装的销售额有显著差异。无控制组的事前事后设计虽然直观、简单,表面上看似比较科学,实验效果比无控制组的事后设计要好,但事实上该方法仍然没有消除实验外因素的影响。因此,无控制组的事前事后设计实验误差还是比较大。

3. 有控制组的事后设计

有控制组的事后设计是同一时间内对控制组与实验组进行对比的实验调查法。其中,实验组按给定实验条件进行实验,控制组按一般情况组织经济活动。有控制组的事后设计也被称为对照组对比实验。这种实验方式主要通过实验组与控制组的事后测量对比来进行判断。是目前市场研究中最常用的方法之一。

例如,某润肤露公司拟测试免费样品对销售量的影响,特进行了一次免费赠送样品实验。实验随机选定1 000户家庭作为实验组,每户赠送2袋小包装润肤露(样品),同时发给一张可在指定商场购买大瓶和小瓶润肤露的粉红色价格折扣券;另1 000户为控制组,每户发给一张可在同一商场购买大瓶和小瓶润肤露的白色价格折扣券,但不给免费样品。粉红色价格折扣券和白色价格折扣券的优惠程度一样,采用两种颜色仅为区别起见。实验调查结果如表4-3所示。

表4-3 免费样品对销售量的影响　　　　　　　　　　单位：瓶

润肤露	控制组销售量(x_2)	实验组销售量(y_2)	变动(y_2-x_2)
大瓶	235	286	+51
小瓶	312	387	+75
总计	547	673	+126

表4-3的实验结果说明：发放免费样品带来大瓶润肤露的销量增加51瓶，小瓶润肤露的销量增加75瓶。免费样品一共带来126瓶的润肤露增加量，免费样品可增加销售量。

这是一种典型的有控制组的事后设计，它与无控制组的事后设计相比，一个突出的优点在于，通过与"参照物"的对比，可以凸显实验变量的效果。但这种实验方法仍然存在一定的缺陷，尤其没有对实验前的情况进行测量，实验的变动量不能全部被认为是实验实施的结果。

4. 有控制组的事前事后设计

在同一时间周期内，随机抽取两组条件相似的单位，一组作实验组，另一组作控制组，并前测。在实验后分别对两组进行后测，比较两者绝对值的变动量。有控制组的事前事后设计也被称为前后对照组对比实验。这种方法既可以考查实验组的变动结果，又可以考查控制组的变动结果，从而有利于消除外来因素的影响，提高实验变量的准确性。

例如，某公司打算在春节期间降低其套装西服的价格，决定采用有控制组的事前事后设计进行实验，以检验其降价效果。于是把分布在全国的专卖店分成实验组和控制两组。假定实验组前两月销售额均为1 000万元。在实验后的一个月期间，实验组套装西服销售额上升为1 600万元，控制组套装西服销售额上升为1 200万元。如表4-4所示。

表4-4 降价对套装西服销售额的影响　　　　　　　　　　单位：万元

组别	实验前销售额（1）	实验后销售额（2）	变动
控制组(x)	1 000	1 200	+200(x_2-x_1)
实验组(y)	1 000	1 600	+600(y_2-y_1)
总计	—	—	+400

表4-4表明：从实验组看，增加销售额600万元，但这并不完全是降价因素带来的结果，其中还包括外来变量，即春节这个特殊时期所造成的影响，它直接导致销售额增加。春节这个特殊时期所造成的增加部分可以从控制组实验前后的销售额变动量反映出来(1 200－1 000＝200)，这一部分应根据实验组的事前事后变动量来剔除。所以，真正由于实验（即降价因素）导致销售额增加的部分只有400万元(600－200)。

(二) 正规设计

正规设计的特点是只考虑一个变量的市场效果，同时消除非实验变量的影响。正规设计的方法很多，这里只讨论完全随机设计方法。

完全随机设计的实验单位完全采用简单随机抽样，实验外变量要尽量控制，使之对各实验单位的影响相近，对实验结果所下的结论应进行检验。检验方法通常采用单因素方差分析的 F 检验法。

1. 单因素条件下离差平方和的分解

单因素指的是因子唯一。为了检验该因子在不同水平下的总体均值是否有显著差异，可针对因子的不同水平进行实验或抽样。把因子处在不同水平下抽得的样本看作来自不同总体的样本，然后检验这些不同总体的均值是否相等。设表4-5是在因子 A 的不同水平下抽样的结果。

表4-5 因子 A 不同水平下的抽样结果

因素水平	样本 1	2	j	……	n	合计	均值
A_1	X_{11}	X_{12}	X_{1j}	……	X_{1n}	$X_{1.}$	$\overline{X}_{1.}$
A_2	X_{21}	X_{22}	X_{2j}	……	X_{2n}	$X_{2.}$	$\overline{X}_{2.}$
⋮	⋮	⋮	⋮	……	⋮	⋮	⋮
A_r	X_{r1}	X_{r2}	X_{ij}	……	X_{rn}	$X_{r.}$	$\overline{X}_{r.}$
合计						$X_{..}$	$\overline{X}$

表4-5中的 X_{ij} 是在 A_i 水平上第 j 个样本单位的数据。另外，

$$X_{i.}=\sum_{j=1}^{n}X_{ij},\ \overline{X}_{i.}=\frac{X_{i.}}{n},\ X_{..}=\sum_{i=1}^{r}\sum_{j=1}^{n}X_{ij},\ \overline{X}=\frac{X_{..}}{nr}\ (i=1,2,\cdots,r)$$

即 $\overline{X}_{i.}$ 是在因素水平 A_i 上的平均数，$\overline{X}$ 是样本总平均。

总离差平方和记为 SST（Sum of Squares for Total），则：

$$SST = \sum\sum (X_{ij} - \overline{X})^2$$

它反映了样本数据总的波动程度。按平方和分解思路,有:

$$\sum\sum (X_{ij} - \overline{X})^2 = \sum\sum [(X_{ij} - \overline{X}_{i.}) + (\overline{X}_{i.} - \overline{X})]^2$$
$$= \sum\sum (X_{ij} - \overline{X}_{i.})^2 + \sum\sum (\overline{X}_{i.} - \overline{X})^2 + 2\sum\sum (X_{ij} - \overline{X}_{i.})(\overline{X}_{i.} - \overline{X})$$

以上式中,交叉项之和为零,即:

$$\sum\sum (X_{ij} - \overline{X}_{i.})(\overline{X}_{i.} - \overline{X}) = 0$$

进一步地,记:

$$SSA = \sum\sum (\overline{X}_{i.} - \overline{X})^2 = n\sum (\overline{X}_{i.} - \overline{X})^2$$
$$SSE = \sum\sum (X_{ij} - \overline{X}_{i.})^2$$

SSA(Sum of Squares Among Groups)表示的是组间方差总和,是由各组均值差异引起的;SSE(Sum of Squares for Error)表示的是组内方差部分,由随机误差产生。因此,得到离差平方和的分解式:

$$SST = SSA + SSE$$

2. 因素作用显著性的检验

根据假设检验的知识,检验因子作用的显著性,实质上就是检验以下的假设:

$H_0: u_1 = u_2 = \cdots = u_r$,

$H_1: u_1, u_2, \cdots, u_r$ 不全相等。

原假设是否为真,关键是看 SSA 与 SSE 两者间的相对比较;在两者比较时,要剔除引起各种方差的"独立变量个数"——自由度(degree of freedom, df)的影响。

SST 是由于 X_{ij} 的波动引起的方差,但是,这里所有的 nr 个变量并不独立,它们必须满足的一个约束条件是 $\sum\sum (X_{ij} - \overline{X}) = 0$,真正独立的变量只有 $nr-1$ 个,自由度是 $nr-1$。SSA 是因子在不同水平上的均值 $\overline{X}_{i.}$ 变化而产生的方差。但是,r 个均值 $\overline{X}_{i.}$ 并不是独立的,它们必须满足约束条件 $\sum n(\overline{X}_{i.} - \overline{X}) = 0$,因此也丢失一个自由度,它的自由度是 $r-1$。SSE 是由所有的 X_{ij} 在各因素水平上围绕均值波动产生的,它们必须满足的约束条件是 $\sum (X_{ij} - \overline{X}_{i.}) = 0$($i = 1, 2, \cdots, r$),一共 r 个,失去了 r 个自由度,所以,

SSE 的自由度是 $nr-r$。SST、SSA 和 SSE 的自由度满足如下关系：

$$nr-1 = (r-1)+(nr-r)$$

将各方差除以各自的自由度，就得到相应的均方差，即：

$$MSA = \frac{SSA}{r-1} ; MSE = \frac{SSE}{nr-r}$$

MSA 与 MSE 分别是 SSA 与 SSE 的均方差。

有了均方差，就可以构造 F 统计量来检验原假设 H_0 是否为真：

$$F = \frac{MSA}{MSE} \sim F(r-1, nr-r)$$

F 值越大，越说明总的方差波动中组间方差是主要部分，有利于拒绝原假设接受备选假设；反之，F 值越小，越说明随机方差是主要的方差来源，有利于接受原假设，有充分证据说明待检验的因素对总体波动有显著影响。因此，检验的拒绝域安排在右侧。对于给出的显著性水平 a，查 F 分布表得临界值 $F_a(r-1, nr-r)$，当 $F > F_a$ 时，拒绝原假设，接受备选假设，认为所检验因素对总体有显著影响；当 $F < F_a$ 时，接受原假设，认为没有证据说明所检验的因素对总体的显著影响。如图 4-3 所示。

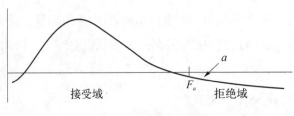

图 4-3 F 检验示意图

第四节 Excel 在实验分析中的运用

一、Excel 的宏功能

所谓宏，就是一组指令集，通过执行类似批处理的一组命令来完成某种功能。Microsoft Office 的组件都可以支持宏（Macro）的操作，而 Office 的宏是指使用 VB Script 指令集（VB 编程语言的子集，可以使用 VB 的常用语句）编写的针对 Office 组件的小程序。利用宏可以完成很多程序原本并不支持的特殊应用，例如，完成某种特殊的数据计算，或者文档的特殊格式排版等。

Excel的宏分为内部宏和外部宏①。

（1）内部宏是Excel自带的，Excel自带的可用内部宏包括Internet Assistant VBA、查阅向导、分析工具库、分析工具库—VBA函数、规划求解、欧元工具和条件求和向导等。经济管理中常用的内部宏有分析工具库和规划求解。分析工具库是本门课程要重点介绍的；规划求解是《运筹学》课程要用到的。这些内部宏并不是Excel的常用功能，需要做较为专业的分析时才被使用。因此，要使用这些内部宏需要首先加载这些宏。这些操作将在后文进行详细介绍。

（2）外部宏不是Excel自带的，它是宏使用者自己编写的，外部宏具有强大的功能。一般来讲，VBA是常用的宏编写工具。对于外部宏的编写感兴趣的读者可以自学。我们为大家提供一个网址（http：//club.excelhome.net/forum-1-1.html），该网址可以帮助感兴趣的读者快速地了解Excel外部宏的功能和编写。

二、Excel的数据分析工具

简单地说，数据分析是数理统计的工具，可以使用数据分析进行数理统计的计算，同时画出各种图形，分析数据。

Excel数据分析工具包括以下常用模块：

1. 方差分析：单因素方差分析

此分析工具通过简单的方差分析（ANOVA），对两个以上样本均值进行相等性假设检验（抽样取自具有相同均值的样本空间）。此方法是对双均值检验（如t检验）的扩充。

2. 方差分析：可重复双因素分析

此分析工具是对单因素ANOVA分析的扩展，即每一组数据包含不止一个样本。

3. 方差分析：无重复双因素分析

此分析工具通过双因素ANOVA分析（但每组数据只包含一个样本），对两个以上样本均值进行相等性假设检验（抽样取自具有相同均值的样本空间）。此方法是对双均值检验（如t检验）的扩充。

4. 相关系数

此分析工具及其公式可用于判断两组数据集（可以使用不同的度量单位）之间的关系。

5. 协方差

此分析工具及其公式用于返回各数据点的一对均值偏差之间的乘积的平均值。协方

---

① 内部宏和外部宏是作者自己的提法。

差是测量两组数据相关性的量度。

6. 描述统计

此分析工具用于生成对输入区域中数据的单变值分析,提供有关数据趋中性和易变性的信息。

7. 指数平滑

此分析工具及其公式基于前期预测值导出相应的新预测值,并修正前期预测值的误差。此工具将使用平滑常数 a,其大小决定了本次预测对前期预测误差的修正程度。

8. F 检验:双样本方差

此分析工具可以进行双样本 F 检验,用来比较两个样本总体的方差。

9. 傅立叶分析

此分析工具可以解决线性系统问题,并能通过快速傅立叶变换(FFT)分析周期性的数据。此工具也支持逆变换,即通过对变换后的数据的逆变换返回初始数据。

10. 直方图

在给定工作表中数据单元格区域和接收区间的情况下,计算数据的个别和累积频率,用于统计有限集中某个数值元素的出现次数。

11. 移动平均

此分析工具及其公式可以基于特定的过去某段时期中变量的均值,对未来值进行预测。移动平均值提供了由所有历史数据的简单的平均值所代表的趋势信息。

12. 随机数发生器

此分析工具可以按照用户选定的分布类型,在工作表的特定区域中生成一系列独立随机数字。

13. 排位和百分比排位

此分析工具可以产生一个数据列表,在其中罗列给定数据集中各个数值的大小次序排位和相应的百分比排位。它用来分析数据集中各数值间的相互位置关系。

14. 回归

此工具通过对一组观察值使用"最小二乘法"直线拟合,进行线形回归分析。

15. 抽样

此分析工具以输入区域为总体构造总体的一个样本。

16. t 检验:平均值的成对双样本分析

此分析工具及其公式可以进行成对双样本学生氏 t 检验,用来确定样本均值是否不等。此 t 检验并不假设两个总体的方差是相等的。当样本中出现自然配对的观察值时,可以使用此成对检验。

17. t 检验：双样本等方差假设

此分析工具可以进行双样本学生氏 t 检验。此 t 检验先假设两个数据集的平均值相等，故也被称作齐次方差 t 检验。可以使用 t 检验来确定两个样本均值实际上是否相等。

18. t 检验：双样本异方差假设

此分析工具及其公式可以进行双样本学生氏 t 检验。此 t 检验先假设两个数据集的方差不等，故也被称作异方差 t 检验。可以使用 t 检验来确定两个样本均值实际上是否相等。当进行分析的样本组不同时，可使用此检验。如果某一样本组在某次处理前后都进行了检验，则应使用"成对检验"。

19. z 检验：双样本平均差检验

此分析工具可以进行方差已知的双样本均值 z 检验。此工具用于检验两个总体均值之间存在差异的假设。

三、运用 Excel 对实验结果进行检验

（一）目的原理

通过 Excel "数据分析"中"方差分析：单因素方差分析"功能对原始调查数据进行统计检验。

（二）对象与用品

Excel 2003 完全安装版。

（三）方法步骤

例 4-1，某豆瓣生产厂长期采用塑料包装，现欲增加竹编包装和玻璃瓶装，随机抽样选定三家商店做实验单位，分别销售一种包装。实验期为一周，重复次数为四次，各商店每次销售何种包装也由随机抽样决定。实验结果如表 4-6 所示。

表 4-6 包装改变实验的销售量　　　　　　单位：件

实验次数 第 i 周	各种包装（j）对应的销售量（x_{ij}）		
	1（塑料）	2（竹编）	3（玻璃）
1	37	50	29
2	49	57	36
3	24	48	41
4	31	59	42
合计	141	214	148
平均	35.25	53.5	37

问题：改变包装对销售量是否有显著影响，并说明原因（显著性系数 a 取 0.05）。

初步观察表 4-6 的实验结果发现,四周内竹编包装的豆瓣销售量比其他两种包装的销售量要大。但这种差异是真正由包装改变造成的还是由随机抽样造成,需要进行单因素方差分析的 F 检验。主要步骤如下:

1. 输入数据

新建一个 Excel 工作表,将表 4-6 中的数据复制到 Excel 工作簿中,如表 4-7 所示。

表 4-7 源数据

	A	B	C
1	1(塑料)	2(竹编)	3(玻璃)
2	37	50	29
3	49	57	36
4	24	48	41
5	31	59	42

2. 调出"方差分析:单因素方差分析"对话框

从菜单栏"工具——数据分析"路径打开"数据分析"对话框,如图 4-4 所示;选择"方差分析:单因素方差分析"分析工具,如图 4-5 所示。

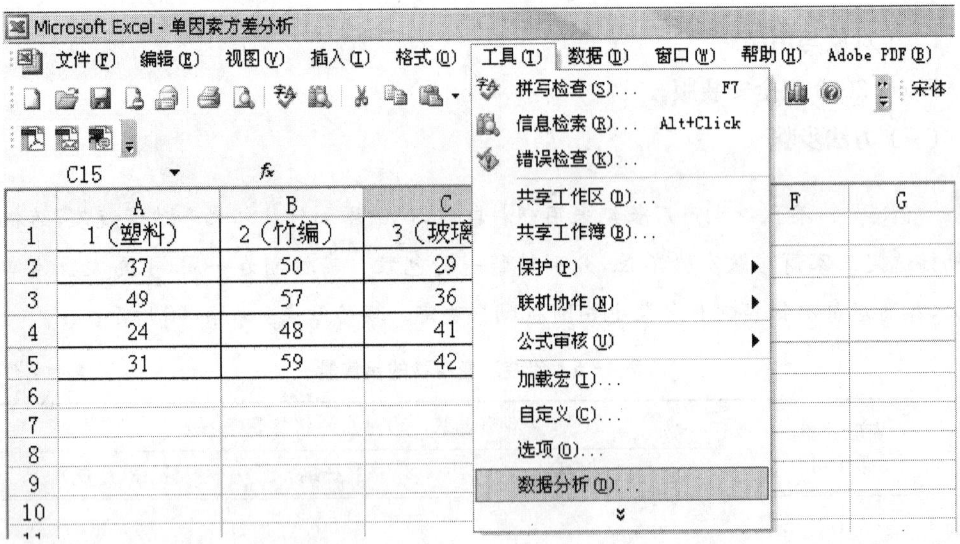

图 4-4 "工具——数据分析"路径

注意:(1)在"工具"菜单下可能没有"数据分析"选项。这时则需要执行"工具——加载宏",从"加载宏"对话框中选择"分析工具库",点击确定后再执行"工具——数据分析"路径打开"数据分析"对话框。(2)执行"工具——加载宏"时提醒"放入安装光盘"。这时较好的解决方案是卸载现有的 Office 软件,重新安装,且在安装时选择"完全安装"选项。安装完毕后再执行"加载宏"操作。

图4-5中相应模块的功能和操作具体为:

● 输入区域:在此输入待分析数据区域的单元格范围。本例输入区域为"$A$1:$C$5"。

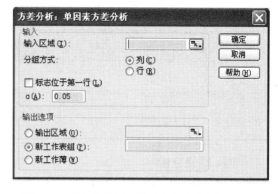

图4-5 "方差分析:单因素方差分析"对话框

注意:为了防止输入错误,最好选择直接引用功能。即点击 按钮,在数据区域点击A1单元格,按住鼠标左键不放,拖动到C5位置,再点击 按钮返回即可完成输入区域的输入。

● 分组方式:数据的排列方式。本例中"塑料"、"竹编"和"玻璃"的数据都是以"列"排列的,所以选择 列(C)。

● 标志位于第一行:如果输入区域的第一行或第一列中包含标志项,则选中此复选框;如果输入区域没有标志项,则清除此复选框,Excel将在输出表中生成适当的数据标志。本例中第一行代表数据的标志,不是真正分析的数据,所以应当在"标志位于第一行"前打钩。

● a:显著性系数,由分析时所要求的精度确定。本例中,在"a"后的方框中输入"0.05"。

● 输出选项:一般选择"新工作表组"。

最终选定结果如图4-6所示。

最后,单击"确定"按钮。得到表4-8和表4-9。

图4-6 选定后的"单因素方差分析"对话框

表4-8 SUMMARY

组	观测数	求和	均值	方差
1(塑料)	4	141	35.25	112.25
2(竹编)	4	214	53.5	28.33
3(玻璃)	4	148	37	35.33

表 4-9 方差分析

差异源	SS	df	MS	F	P-value	F crit
组间	811.17	2	405.58	6.92	0.02	4.26
组内	527.75	9	58.64			
总计	1 338.92	11				

(四) 结果分析

完整的结果由"SUMMARY"和"方差分析"两部分构成。

表 4-8 是对源数据的描述统计,清晰地呈现了源数据的观测数、求和、均值和方差等指标。

表 4-9 正是实验的检验结果。其中,"SS"为方差,"df"为自由度,"MS"为均方差,"F"为 F 统计量,"P-value"为 P 统计值(简称为 P 值),"F crit"为 F 临界值,F crit 也被记为 F_a。由实验的检验结果可知 $F > F_a$,则应拒绝原假设,接受备选假设,认为所检验因素对总体有显著影响;或者直接看 P-value 值,由于 $P\text{-}value = 0.02 < 0.05$,也拒绝原假设,接受备选假设。即可以认为,在 95% 的概率保证(置信水平)下,改变包装对销售量有显著影响。

本 章 小 结

实验法是社会科学研究中的一种重要方法。本章主要介绍了实验法有效性要素、基本原理、常用的实验方法以及 Excel 在实验分析中的运用。实验法的基本要素包括实验的主体、实验对象和实验环境、实验活动和实验检验四个方面。实验法的基本原理为实验者假定某些自变量会导致某些因变量的变化,并以验证这种因果关系假设作为实验的主要目标。非正规设计和正规设计是两种主要的实验设计方法;非正规设计又分为无控制组的事后设计、无控制组的事前事后设计、有控制组的事后设计和有控制组的事前事后设计四种。Excel 除了传统的电子表格功能外还具备强大的数据分析处理功能;利用 Excel"分析工具库"宏功能中的"方差分析:单因素方差分析"分析工具可以对实验法得到的实验结果进行统计检验,以判断实验结果是否显著。

思考题

1. 在实验中,为何要设置对照组?
2. 为得到客观准确的实验数据,实验中应注意哪些问题?
3. 在例4-1中,如果显著性系数 a 取0.01,包装改变对销售量是否仍然有显著影响?并说明原因。

第五章　市场调查方法（四）
——访问法

开篇案例

CATI 访问法

CATI(Computer Assisted Telephone Interview)即计算机辅助电话访问，是将近年来高速发展的通讯技术及计算机信息处理技术应用于传统电话访问所得到的产物，是利用现代化电脑程控通讯设备进行的随机电话访问方式。在进行电话访问时，需事先输入受访人的电话号码，由电脑按程序自动拨号，电话访问员在接通电话后不知道对方身份，只负责按规定内容进行访问对话。访问过程和内容可以实时录音，以确保调查访问内容的真实、可靠。采用这种访问调查方式，具有调查内容客观真实、保密性强、访问效率高等特点。

1970 年，CATI 在美国出现。1975 年，加利福尼亚大学洛杉矶分校(University of California at Los Angeles)将 CATI 系统应用于教学研究。目前，CATI 得到越来越广泛的应用。许多国家半数以上的访问均通过 CATI 完成，有些国家 CATI 访问量甚至高达 95%。据资料显示，美国的一家市场研究公司 CATI 的访问坐席竟多达 550 个。

国内越来越多的专业商业调查机构、政府机构和大专院校也在积极、大量地使用这种技术。1987 年，电话调查开始被一些专业调查机构使用，主要用于民意测验和媒体接触率的研究。2000 年春节，央视春节晚会利用电话调查对收视率进行了即时调查。目前，CATI 在中国已获得了较为广泛应用，专业市场研究机构、高等院校、政府机关、社科院、卫生机构、大型企业、呼叫中心等都出现了 CATI 系统的身影。CATI 被他们应用于品牌知名度研究、产品渗透率研究、品牌市场占有率研究、产品广告到达率研究、广告投放后的效果跟踪研究、消费习惯研究、消费者生活形态研究、顾客满意度调查、服务质量跟踪调查、产品(担保)登记、家庭用品测试、选举民意测验、健康问题调查以及客户回访、电话营销等诸多领域。

案例思考：

CATI是一种常用的调查方法，但怎样才能让被访者接受你的访问呢？

第一节 访问法概述

一、访问法的历史渊源

早在两千多年前，我国著名史学家司马迁就曾把通过调查访问曲阜、淮阴收集到的关于孔子、韩信的故事写进辉煌巨著《史记》中去；我国家喻户晓的志怪小说《聊斋志异》，也是蒲松龄经过大量的民间访问，根据收集到的资料撰写而成。

作为现代社会学研究中属于实地调查法中的访问法，其起源可以追溯到19世纪末西方兴起的社会改革运动。在这场运动中，许多社会学者试图系统地描述城市贫民的生活状况，以便改善其生活条件。于是掀起了一场到实地去进行观察访问的社会调查运动，查尔思·布思及其著作《伦敦人民的生活和劳动》是其中的代表。以后，在社会改革活动和城市生活研究中，大量研究者应用了直接观察和访问方法，广泛地收集资料、撰写文章。

当代社会，随着科学技术的进步，随着系统论、信息论、控制论这些现代科学方法论的出现，随着电子计算机的应用和普及，访问调查产生了理论新、方法新、手段新的特点，对访问调查研究提出了理论系统化、方法科学化、手段现代化、人员知识化的要求。时至今日，访问法已成社会调查研究中一种比较完善的方法。

二、访问法的含义

访问法（Interview）是由访问者向被访问者提出问题，通过被访问者的口头回答或填写调查表等形式来收集市场信息资料的一种方法。

访问法是最常用的市场调查方法。访问法的实施过程是调查者与被调查者相互作用、相互影响的过程；访问者的人际交往能力在访谈过程中有重要作用，访问调查法是一种特殊的人际关系，是现代公共关系。访问法是收集第一手资料最主要的方法，它既可以独立使用，也可以与观察法结合应用。

三、访问法的分类

在社会调查研究中,访问调查的方式是多种多样的。站在不同的角度,可以将它分为各种不同的类型。

(一) 按访问过程控制程度划分

按访问过程控制程度可以将访问法分为结构式访问和无结构式访问。

1. 结构式访问

结构式访问又称标准化访问或导向式访问、控制式访问。结构式访问是一种高度控制的访问,其要求是:要按照事先设计好的、有一定结构的访问问卷进行访问。选择访问对象的标准和方法、访谈中提出的问题、提问的方式和顺序以及对被访问者回答的记录方式都是统一的。问卷是结构式访问的主要工具。

结构式访问具有可靠、有效和便于定量分析等优点。由于受到了访问者的高度控制,因此结构式访问的最大优点是能够对调查过程充分把握,从而保证了调查结果的可靠性。由于访问者介入了整个访问情景,能够在回答问题之外对被访问者的态度、行为进行仔细观察,分辨出被访问者回答问题的真伪,有利于准确评估资料的效度与信度。结构式访问的问卷(尤其是量表)是定量分析的基础。但结构式访问缺乏弹性;由于受高度控制,难以对问题进行深入的探讨。

2. 无结构式访问

无结构式访问又称非标准化访问。无结构式访问与结构式访问相反,事先不制定表格、问卷和访问程序,只需要拟定出一个粗线条的访问提纲,由访问者给出某些问题,与调查对象自由交谈。被访问者可以随便提出自己的意见,在访谈过程中,又可能形成一些新的问题与见解,拓展、深化访问者对问题的了解。

无结构式访问弹性大,有利于发挥访问者和被访问者双方的主动性和创造性;有利于适应千变万化的客观情况;可以了解到原设计方案中没有考虑到的新情况、新问题,获得结构式访问无法获得的丰富资料。但是,无结构式访问获得的资料主要是质的资料而不是量的资料,也就是说深而不广。对访问结果难以进行定量分析,其信度不高而效度高。这种方法要求访问者具有较高的专业素质,方能驾驭千变万化的情况。

(二) 按交流方式划分

按交流方式可以将访问法分为直接访问和间接访问。

1. 直接访问

直接访问,就是访问者和被访问者直接进行面对面的交谈。这种访问方式又有"走出去"和"请进来"两种。

"走出去"是指访问者到调查对象当中去进行实地访问;"请进来"就是访问者将调查对象请到指定的地点进行访问。"走出去"的好处是有利于访问者在交谈的同时对实地进行观察了解,加深感官印象,用情境帮助对问题的理解。"走出去"消耗的资金大,花费的时间多;"请进来"使调查对象脱离了原生环境,可能会导致失去本来面目,影响访问的客观效果。

2. 间接访问

间接访问是访问者通过电话或书面问卷等形式对调查对象进行的访问。

(三) 按一次访问人数划分

按一次访问人数可以将访问法分为个别访问和集体座谈。

1. 个别访问

个别访问是以个体作为对象的访问。

个别访问的长处在于能够根据访问对象的特殊性区别对待。比如,可以根据被访问者的职业、教育程度、性别、年龄、民族以及所属的阶层等不同因素来掌握访问的技巧;同时,由于访问者与被访问者之间的距离较近,便于双方的沟通,访问结果的真实性与可靠性较大。但与集体座谈相比,这种访问耗时、费资。

2. 集体座谈

集体座谈是将许多调查对象集中在一起同时进行访问,也就是通常所说的"开调查会"。

集体座谈是一种比个别访问层次更高、难度更大的调查方法。用这种方法获取的信息比较广泛而迅速,获得的资料更为完整和准确;由于同时访问若干人,因而还可以节约人力、时间、资金。但是,座谈会常常容易产生一种"团体压力",在从众心理的支配下,使个人可能违心地顺从多数人的意见而不敢表示异议。由于这是一种"大庭广众"式的访问,对一些敏感性问题被访问者难以回答;与个别访问相比,这种访问的深度不够。一般来说,集体座谈最好采用半结构式访问,这样有利于把握方向与重点,有利于局面的控制。对参加座谈会的人数也有一定的要求,一般以5~7人为宜,最多不超过10人。

第二节　常用的访问方法

常用的访问法有面谈访问、电话调查、邮寄调查、留置调查和网络调查五种方式。

一、面谈访问

(一) 面谈访问的概念

面谈访问是调查者与被调查者面对面交谈的一种方法,是最直接的访问调查方法。面谈调查可以采用个人访问或召开座谈会的方式,两者的被调查者都应具有一定的代表性。

(二) 面谈访问的关键

访问者的人际交往能力和访问者的访谈技巧是面谈访问成功的关键因素。

1. 访问者的人际交往能力

面谈访问是面谈双方互相作用、互相影响的过程,不仅访问者通过访问作用于被访问者,而且被访问者的回答也作用于访问者。访问者的人际交往能力是访问成功的关键,只有被访问者有了对访问者的基本信任,消除了紧张与疑虑,才能愉快、顺利地回答问题。

2. 访问者的访谈技巧

面谈访问有相当的难度,要求访问者能熟练掌握访谈技巧。面谈访问的过程是访问者逐渐接近被访问者的过程。只有接近了被访问者,取得访问的基本条件,访问活动才能顺利进行。

(三) 面谈访问的基本要求

1. 了解对象

了解不同职业的人的不同要求、不同性格等,做到知己知彼,有的放矢,访问成功的把握就大些。

2. 克服羞怯心理

羞怯是交谈中最容易出现的心理障碍。严重的羞怯甚至会影响交谈的顺利进行,会脸红、心跳频率加快、出汗、语无伦次等,影响面谈的顺利进行。

3. 真诚

人与人之间的关系应该是真诚的。我们说话时,别人是在接收信息,不是专门找你的毛病。所以,与人交谈不必像出征的骑士,背负着那么重的铠甲,完全可以放下心理负担,真诚沟通。

4. 明确讲话的目的

要准确、清楚地传达信息。说话要言简意赅,因为访问的同时也是在占用别人的时间,要尽量在保证访问质量的前提下,缩短访问时间。

5. 以微笑对人

微笑是面谈访问中必不可少的润滑剂。达·芬奇的名画《蒙娜丽莎》被称为"永恒的微笑",可见微笑的力量有多么强大。同时,微笑也是一种职业要求;微笑还使人身体健康,笑一笑,百年少。

(四)接近被访问者的方法

一般来讲,受访的都是陌生人,陌生可能使双方产生拘束感,使谈话不自然;陌生也可能使调查对象一开始就拒绝受访,使访问者陷入尴尬的境地。因而需要恰当的方法接近被访者。

1. 自然接近

在共同活动中自然地接近被访问者后,再说明访问意图。

2. 正面接近

开门见山地直接介绍自己并说明访问的目的和内容等。在被访问者理解调查活动且不存在顾虑的情况下,采用正面接近的方法,可节省调查时间,提高工作效率。

3. 求同接近

访问者主动寻找与被访问者的共同之处(如同学、同乡、同姓、同兴趣、同经历等),可以给接近被访问者带来一些方便。

4. 友好接近

访问者以友好的态度关心被访问者,帮助其解决所面临的难题,以求顺利地接近对方。

5. 舍利接近

给出一点礼品,让被访者愿意接受访问,甚至主动来接近你。

(五)面谈访问的优缺点

1. 优点

面谈调查可直接了解被访者的态度,真实性较高;可对调查提纲进行及时修改和补充,具有较大的灵活性;还可互相启发并向被访者解释某些问题。

2. 缺点

被调查者的主观偏见常常影响资料的准确性;成本费用较高;如果调查的范围较广,信息反馈将不及时。

二、电话调查

(一)电话调查的概念

电话调查是调查人员依据抽样规定或者样本范围,借助电话向被调查者了解有关问题的调查方法。

电话调查的通话时间一般不能太长,因此这种方式适用于对热点问题、突发性问题、特定问题和特殊群体的调查,也适用于对比较固定的客户企业的调查。

(二) 电话调查的优缺点

1. 优点

能在较短的时间内得到答案,取得信息的速度很快;调查的覆盖面大,可以对任何地区的消费者进行调查,且调查费用支出少;被调查者没有现场心理压力,能轻松回答问题。

2. 缺点

不容易取得被调查者的合作,对拒绝访问者很难进行劝说和引导;调查时间短,无法询问一些比较专业和复杂的问题;由于一户通常只有一部电话,故接电话者有时并非是真正的目标人群,从而会影响样本的代表性。

三、邮寄调查

(一) 邮寄调查的概念

邮寄调查是指将设计好的调查问卷邮寄给被调查者,请其按要求填写后寄回的一种调查方法。

邮寄调查在实践中主要有两种形式:一是调查组织者委托某一媒体发布调查问卷,请求被调查者回答并将答案邮寄给调查单位;二是调查者利用各种通讯录、客户名单等选择调查对象,将问卷直接寄出,并请被调查者填好后寄回。

(二) 邮寄调查的优缺点

1. 优点

调查的区域广,凡是可以通邮的地区都可以被定为调查对象;样本的数目多,相对于面谈访问费用支出少;被调查者有充分的时间考虑和回答问题,故可以询问一些较为敏感和复杂的问题;答案可以不受调查人员态度和倾向性意见的影响。

2. 缺点

回收率低,一般仅在15%左右;获得资料的时间长,有时会影响调查结果的时效性;如果调查问卷不为被调查者正确理解,会出现答非所问的现象。

四、留置调查

(一) 留置调查的概念

留置调查是指将调查问卷当面交给被调查者,说明填写的要求并留下问卷,请被调查者自行填写,由调查人员定期收回的一种调查方法。

留置调查是介于访问法和邮寄调查之间的一种调查方法,可以消除面谈访问和邮寄调查的一些不足。

(二)留置调查的优缺点

1. 优点

由于当面送问卷,说明填写要求和方法,澄清疑问,因此可以减少误差,能控制回收时间,提高回收率;被调查者有充分的时间来考虑问题,并不受调查人员的影响,能作出比较准确的回答。

2. 缺点

由于送问卷和收问卷是分开的,因而成本较高。

五、网络调查

(一)网络调查的概念

网络调查是调查者将设计好的调查问卷发布在互联网上,利用互联网收集市场信息的方法。

现代信息技术的发展使得作为信息载体的互联网进入了越来越多人的生活中,互联网是继广播、报纸、电视和杂志后最有潜力的媒体。与传统的市场调查相比,网络调查由于具有自愿性、实时性、成本低等特点,因此受到调查公司的重视,被广泛应用到市场调查的各个方面。

(二)网络调查的优缺点

1. 优点

由于网络调查没有时空、地域的限制,调查的范围大;网络调查的问卷发送、信息采集由计算机自动完成,调查的周期短,时效性高;由于节省了问卷印刷、装订及调查人员的费用,成本低;网络调查可以图、文、声并茂展示,表现力强。

2. 缺点

很多消费者不经常上网,即使上网,主动做调查问卷的人也很少,这就使样本的代表性受到一定的限制;网上信息繁多,内容丰富,调查问卷很难被被调查者注意到,故常会漏掉那些真正对调查问题感兴趣的人;网络调查对被调查者无限制,任何人都可以随便回答,甚至多次重复填写,故有时会产生大量的无效问卷,影响调查结果的真实性和可靠性。

第三节 访问过程的控制

访问调查的过程是访问者提问和被访问者回答的过程。提问方式是否妥当是能否得到有用答案的关键。同时,要特别注意非语言因素对访问过程的影响。

一、采用提问控制访问过程

与调查对象顺利接触并形成良好的谈话气氛后,就可以开始提问了。提问是访问调查的主要环节和重要手段,访谈的关键技巧是提问的技巧,提问成功与否决定着访问能否顺利进行和调查的效果。通过提问各种不同的问题及用各种不同方式提问,是访问者控制访问过程最基本、最主要的手段。

提问的方式很多,有开门见山式、投石问路式、顺水推舟式、顺藤摸瓜式、借题发挥式、循循善诱式等。

该采用哪种提问方式呢?(1)注意所提问题的性质和特点。对于比较简单、单纯的问题可以正面提问;对比较复杂、尖锐、敏感的问题则采取谨慎的提问方式。(2)注意被访问对象的特点。对于没有思想顾虑的人,可用正面提问;对顾虑重重或理解问题能力较差的人则必须用耐心开导、循循善诱的方式提问。(3)注意访问者与被访问者的关系。如双方并不熟悉,可以采用投石问路的提问方式;若双方相互比较了解,则可采用开门见山的方式提问。总之,作为一种谈话艺术,提问的方式没有一成不变的模式,应在分析上述因素的基础上,根据实际情况选择恰当的提问方式,顺其自然,随机应变,才能收到良好的访谈效果。

二、采用引导和追询方法控制访问过程

在提问过程中,为了帮助被访问者加深对问题的理解,以取得预期的回答效果,访问者还要善于对问题进行引导和追询。引导和追询是对提问的延伸或补充,是一种对提问的控制方法。

(一) 引导

引导分为转题和回题。转题是指当访问者需要将正在问的题目转向一个新的题目时,在转换过程中,被访问者可能会由于思路的转向而出现停顿,或因毫无心理准备而产生困惑,这时便需要访问者启发、诱导。而回题是指当被访问者答非所问、欲言又止、语塞、漫无边际扯得太远的时候,就应及时加以引导,使访问能够围绕相关问题继续进行下去。

(二) 追询

追询既不是引导,也不是提出新的问题,而是对已谈过问题中不清楚的地方进行再次询问,使问题的回答更具体、更准确、更完整。

一般来说,当发现被访问者的回答有虚假、前后矛盾、含混不清、过于笼统、残缺不全

的时候,就需要追询。追询的方式多种多样,有正面追询、侧面追询、系统追询、补充追询、重复追询、"激将法"追询等。对问题的追询要做到适时与适度。适时是指要把握好追问的时机,以不妨碍访谈的顺利进行为原则;适度是指要掌握好追问的分寸,以不伤害被访问者的感情为原则。

三、注意非语言沟通对访问过程的影响

非语言沟通是伴随着沟通的一些非语言性行为,它能影响沟通的效果。

非语言信息是一种不很清楚的信息,但它往往比语言性信息更真实,因为它更趋向于自发和难以掩饰。同样一句话可能由于非语言性行为的不同而有不同的含义和效果,有人认为非语言沟通的重要性甚至超过语言性沟通。

在面谈访问中应格外注意自己非语言性行为的影响。应善于观察被访者的非语言性信息,特别是不耐烦的流露。非语言因素主要指被访问者的衣着打扮、表情、姿态动作以及被访问者的周围环境等。非语言行为的种类举例说明如下。

(一) 面部表情

眉间舒开、嘴巴放松表示快乐;眉头紧皱表示怀疑、紧张;抿嘴和鼻孔张开表示生气。

(二) 身体姿势

双手展开表示有信心、能控制;直立放松表示有兴趣、安全感;点头哈腰表示顺从;昂头踮脚表示趾高气扬、信心百倍。

(三) 眼神

眼睛睁大表示集中注意;直接对视表示感兴趣、真诚;逃避眼神表示心虚、缺乏自信;四处张望表示心不在焉;眼睑下垂表示顺从、抑郁。

(四) 外表

穿着整齐表示做事细心、精神状态良好;衣冠不整表示心理健康欠佳或社会适应不良。

四、有效沟通控制访问过程

在访问调查中,访问者要准确理解被访问者所传达的信息,做到有效沟通的关键是倾听。倾听并不是只听对方所说的词句,还应注意其说话的音调、流畅程度、选择用词、面部表情、身体姿势和动作等各种非语言性行为。倾听包括注意整体性和全面地理解对方所表达的全部信息,否则会引起曲解。倾听是不容易做到的,据估计只有10%的人能在沟通过程中好好倾听。因此,应特别注意倾听的技巧和方法。

(一) 倾听的技巧

做一个有效的倾听者,应做到:准备花时间倾听对方的话;学习如何在沟通过程中集中注意力;不要打断对方的谈话;不要急于判断;注意非语言性沟通行为;仔细体会"弦外音",以了解对方的主要意思和真实内容。

(二) 倾听的方法

1. 注意或参与

为表示你在全神贯注地倾听,应做到:与对方保持合适的距离;维持松弛的、舒适的体位和姿势;保持眼神交流;避免分散注意力的动作,如看表、不安心的小动作等;不打断对方谈话或转换话题;不评论对方所谈内容;为表示你在倾听,而且是注意地听,可以轻声地说"嗯"、"是"或点头等,表示你接受对方所述内容,并希望他能继续说下去。

2. 核实

在用心倾听、观察非语言性行为和试图理解被访者所述内容之后,为了核对你的理解是否准确,即与对方所表达的一致,可采用以下方法:(1)复述。即把对方的话重复叙述一遍,要注意重点复述关键内容,并不加判断。(2)释意。即用不同的语句复述对方的话,但保持原句的意思。(3)澄清。即将一些模棱两可、含糊不清、不够完整的陈述弄清楚,其中也包含试图得到更多的信息。(4)小结。即用简单总结的方式将被访者所述的内容重复一遍。

在核实时应经意留有一些停顿的时间,以便对方进行纠正、修改或明确一些问题。这些核实技巧的适当应用,会有助于建立信任感。

3. 反映

将对方的部分或全部沟通内容反述给他,使他通过你的反述而对他的讲话和表现重新评估和进行必要的澄清。反映需要一定的技巧,除了仔细倾听和观察对方情感(非语言性表现)外,还要选择最能代表其含意和情感的词句。反映的焦点是将被交谈者的"言外之意,弦外之音"摆到桌面上来,使对方进一步明确自己的真实情感。

本 章 小 结

访问法是最常用的市场调查方法。访问法属于一手资料的搜集方法。本章主要介绍了访问法的历史渊源、含义、分类,常用的访问法以及访问过程的控制。常用的访问法有面谈访问、电话调查、邮寄调查、留置调查和网络调查五种。访问者的人际交往能力和访问者的访谈技巧是面谈访问成功的关键因素。面谈访问要了解对象、克服羞怯心理、真诚、明确讲话的目的以及以微笑对人。接近被访问者的方法有自然接近、正面接近、求同接近、友好接近和舍利接近等。访问调查中可以采用提问、引导和追询、注意非语言因素以及有效沟通等对访问过程进行控制。

思考题

1. 常用的访问法有哪些?它们各自的优缺点是什么?
2. 如何实施访谈?
3. 如何接近被访者?
4. 可以运用哪些技巧对访谈过程进行控制?

第六章 问卷设计技术

开篇案例

物流现代化服务水平调查问卷①

尊敬的问卷填写人:

您好!为了深入了解贵单位物流现代化服务水平情况,特作此问卷调查。问卷数据仅用于研究,我们承诺保密,不会对您个人和所在组织造成任何影响,请根据贵单位实际情况和您的感受放心作答。衷心感谢您对本研究的参与和支持。

"四川第三方物流现代化服务水平研究"课题组

填写说明:请在对应答案前的□内打√,或在空白处填写相应内容;如无特殊说明均为单选。

一、企业基本情况调研

1. 企业位于_____市_____县(区);企业名称:_____。
2. 企业的性质为:
   □国有及国有控股 □集体所有制 □联营 □合伙 □私营
   □中外合资 □外商独资 □股份制公司 □其他(请注明)_____
3. 企业的主营业务包括(可多选):
   □运输 □仓储保管 □流通加工 □配送 □物流信息服务
   □库存管理 □物流成本控制 □其他定制服务(请注明)_____
4. 2012年企业主营业务收入____万元,实现利润____万元;预计未来五年主营业务收入平均增速可达____%。

---

① 此问卷为原始问卷的精简版。

二、企业物流现代化服务水平现状调研

(一) 现代化设备水平

1. 目前企业拥有的物流设备有(可多选):

☐运输设备　　☐仓储保管设备　　☐装卸搬运设备　　☐流通加工设备
☐包装设备　　☐信息处理设备　　☐其他(请注明)_____

2. 企业在物流设备方面投入资金达____万元,未来五年准备再投入资金____万元。

3. 目前企业的物流运输设备现代化水平为:

☐极低　　　☐低　　　☐一般　　　☐高　　　☐极高

4. 现代化物流设备对于企业提高服务水平作用不大:

☐极不同意　　☐不同意　　☐不能确定　　☐同意　　☐非常同意

(二) 信息化技术水平

1. 目前企业采用的信息化技术有(可多选):

☐条码技术　　　　　　　　☐无线数据采集技术
☐RFID(射频识别)技术　　　☐物联网
☐GIS(地理信息系统)　　　　☐GPS(全球定位系统)
☐MIS(管理信息系统)　　　　☐EDI(电子数据交换)技术
☐其他(请注明)_____

2. 企业在信息化技术方面投入资金达____万元,未来五年准备再投入资金____万元。

3. 总的来讲,目前企业的信息化技术水平为:

☐极低　　　☐低　　　☐一般　　　☐高　　　☐极高

4. 信息化技术对于企业提高服务水平作用不大:

☐极不同意　　☐不同意　　☐不能确定　　☐同意　　☐非常同意

5. 请给出提高物流现代化服务水平的建议:
_____
_____
_____

再次感谢您的参与,谢谢!

调查员_____

第一节　问卷设计概述

一、问卷的含义与优缺点

(一) 问卷的含义

问卷(Questionnaire)是用来搜集调查数据的一种工具,是调查者根据调查目的和要求所设计的,由一系列问题、备选答案、说明以及码表组成的一种调查形式。

调查问卷是一种广泛应用于了解被调查对象的态度、意见和反应的调查工具。采用问卷法调查收集市场资料与情报具有较显著的优点,因此在市场调查中被广泛应用。

(二) 问卷的特点

1. 标准化

问卷的内容由统一的问题、统一的备选答案、统一的回答形式所组成。对所有的被调查者适用同一种调查问卷进行标准式的询问调查。标准化是问卷的主要特点。

2. 便于定量分析

问卷特别适用于定量调查,问卷(尤其是量表)搜集的数据是进行各种深入统计分析的基础。

(三) 问卷的优缺点

1. 优点

(1) 调查适用范围广。只要能在同一时段,以相同方式将问卷发放给被调查者,问卷调查就可以在任何范围内进行,如我国每 10 年进行一次的全国人口普查就是采用问卷调查法完成的。

(2) 调查过程可控性较强。在问卷调查过程中,被调查者可以在调查工作人员的指导下完成问卷问题的回答,也可以通过问卷的书面提示,减少或避免因误解而发生的作答错误。

(3) 调查结果容易量化。问卷调查是一种结构化的调查,其调查问题的表达形式、提问的顺序、答案的方式与方法都是固定的,调查的统计结果一般都能被量化出来。

2. 缺点

(1) 问卷设计难。问卷主体内容设计的好坏将直接影响整个调查的价值。问题的设计需要大量的经验,不同的人针对同一个问题,会设计不同的备选答案,设计问卷的差别可能很大,信度和效度控制需要丰富的经验。

（2）调查结果广而不深。问卷调查是一种用文字进行对话以搜集资料的方法，如果问题太多，被访者会产生厌烦情绪，因此，一般的问卷都比较简短，也就不可能深入探讨某一问题及其原因。

（3）问卷的回收率难以保证。问卷调查必须保证有一定的回收率，否则资料的代表性就会受到影响。回收率受问卷长度、问题难易程度、是否涉及隐私、参与调查获得回报多少等因素影响。另外，网络调查的回收率一般都不高，质量也难以保证。

二、问卷的类型

问卷可以按不同的标准分类，如按照调查方式可划分为自填式问卷和访问式问卷，按控制程度可划分为结构式问卷和开放式问卷，按问卷中问题作用可划分为主体问卷和过滤问卷。

（一）自填式问卷和访问式问卷

自填式问卷是指由调查者将问卷发给（或邮寄给）被调查者，由被调查者根据实际情况自己填写的问卷。

访问式问卷则是由调查者按照事先设计好的问卷或问卷提纲向被调查者提问，然后根据被调查者的回答进行填写的问卷。

（二）结构式问卷和开放式问卷

结构式问卷是指问卷不仅要包括一定数目的问题，而且问卷的设计是有结构的，即要求按一定的提问方式和顺序进行安排。

无结构式问卷则是指提到的问题、顺序、方式没有严格的设计和安排，只有一个粗略的提纲。

（三）主体问卷和过滤问卷

过滤问卷是指对被调查者资格进行过滤的问卷。主体问卷是问卷的主体内容，包括问题、答案及编码等。

三、问卷的基本结构

一份完整的问卷通常由开头部分、甄别部分、主体部分、背景部分和结尾部分五部分构成。

（一）开头部分

开头部分包括问卷标题、说明词、填写说明和问卷的编号。

1. 问卷标题

问卷标题是对调查主题的概括说明。问卷标题要求简明扼要，能引起兴趣。如"汽车消费状况调查"、"我与住房——温江区居民住房状况调查"等。

2. 说明词

说明调查者的身份、调查内容、调查目的、调查意义、抽样方法、保密措施和致谢等。说明词又称问候语或卷首语。要求简洁、扼要、不超过300字。例如：

> 先生、女士：
> 　　您好！我是成都XX公司的调查员，目前正在进行一项当地市民饮料消费状况的市场调查，希望得到您的支持。答案没有对错之分，请您根据实际情况和感受回答问题。您的回答将按照国家《统计法》予以保密。对您的合作我们将奉上一份小小的礼品以示感谢。谢谢您的合作！

3. 填写说明

向被调查者说明如何填写问卷、填表的要求、需要注意的问题等。在自填式问卷中要有仔细的填表说明。例如：

> （1）请在每一个问题后适合自己情况的答案号码上画圈，或者在____处填上适当的内容。
> （2）若无特殊说明，每一个问题只能选择一个答案。

4. 问卷的编号

问卷的编号主要用于识别问卷、调查者、被调查者姓名和地址等，以便于校对检查和更正错误。问卷编号一般在问卷右上角。

（二）甄别部分

甄别也称过滤，主要是确保被调查者符合调查研究的需要。例如：

> 您是大学生吗？是，请继续作答！不是，中止访问。

（三）主体部分

主体部分包括问题和答案、问题和答案的编码。

1. 问题和答案

问题和答案是问卷的主体部分，也是问卷的核心内容。它主要以提问的方式提供给被调查者，请被调查者进行选择和回答。这部分内容设计的好坏是调查者能否很好地完成信息收集和实现调查目标的关键。

问卷中所要调查的问题可分为两类：一类是事实、行为方面的问题，主要是了解市场中发生的客观现象、人们的行为和结果；另一类是观念、态度、意见等方面的问题，主要是了解被调查者的主观认识、消费偏好等。这两类问题的性质、作用不同，使用的询问方式和询问技术也不一样。

2. 问题和答案的编码

编码是指赋予每一个问题及答案一个数字作为它的代码，将问卷中的调查项目转化成具体数字的工作过程。大多数市场调查问卷均须加编码，以便分类整理，方便计算机处理和统计分析。编码工作一般在问卷设计时完成，在调查结束后直接输入计算机。

（四）背景部分

背景部分主要指被调查者的背景资料。被调查者的背景资料是指被调查者的一些主要特征，如被调查者的性别、年龄、婚姻状况、文化程度、职业、收入等。通过这些项目，可以对调查资料进行分组、分类，方便后期的统计分析。

（五）结尾部分

结尾部分包括记录调查员的姓名、访问日期、访问时间、访问地点等。结尾部分的目的是为了核实调查的执行和完成情况，并方便对调查员的工作进行监督和检查。有些极重要的调查还需要记录调查过程中有无特殊情况发生以及被调查者的配合情况等。

以上五个部分是一份规范、完整的调查问卷所应具备的结构和内容。对于一些简单的调查问卷，可以省略一些部分，无需面面俱到。

第二节　问卷设计技术

一、问题的类型

（一）开放式问题和封闭式问题

1. 开放式问题

开放式问题对问题的回答未提供任何具体的答案，由被调查者根据自己的想法自由作出回答，属于自由回答型。例如：

> 您认为使用摩托车的原因是什么？＿＿＿＿＿＿＿＿＿＿＿

开放式问题的优点是被访者可以充分自由地按自己的想法和方式回答问题和发表意见,不受限制,有利于发挥被访者的主动性和想象力。特别是能为研究者提供大量、丰富、具体的信息。缺点是在编辑和编码方面费时费力;尤其是开放性会造成调查偏差。

2. 封闭式问题

已事先设计了各种可能答案的问答题,被访者只要或只能从中选定一个或几个现成答案的提问方式。例如:

> 您认为使用摩托车的原因是什么?(可多选)
> A. 办事更迅速　　　　　　　　　B. 办事更方便
> C. 在都市里用摩托车很神气　　　D. 用摩托车是一种身份的象征
> E. 就是要骑摩托车的那种冒险的感觉　　F. 其他_____

封闭式问题的优点是答案标准化,回答方便,易于进行各种统计处理和分析,利于提高问卷的回收率和有效率;编码和数据录入过程简化,能减少各种误差。缺点是被访者只能在规定的范围内回答,可能无法反映其他各种有目的的、真实的想法;设计比较困难,必须想出一系列可能的答案;一旦设计有缺陷,被访者就可能无法正确回答问题,从而影响调查质量。

为了提高问卷的回收率,问卷中的封闭式问题占多数。封闭式问题的种类如下所示:

(1)两项选择法问题。

备选答案只有两项的问题。两项选择法又称真伪法或二分法。例如:

> 您是否打算在近五年内购买轿车?
> A. 是　　　　　　　　　B. 否

两项选择法的优点是易于理解和可迅速得到明确的答案,便于统计处理和分析。缺点是被访问者没有进一步阐明细节和理由的机会,难以反映被调查者意见与程度的差别,了解的情况不够深入。两项选择法适用于互相排斥的两项择一式问题及询问较为简单的事实性问题。

(2)多项选择问题。

多项选择问题是备选答案有多个项的问题。多项选择题又分为单项选择型、多项选择型和限制选择型三种。

(二)直接性问题、间接性问题和假设性问题

1. 直接性问题

直接性问题是能够通过直接询问得到答案的问题。直接性问题通常会限制被调查者

回答的范围,常用于询问个人的基本情况或已经存在的事实。例如:

> 您的年龄是____,工作单位是_____。

直接性问题可以获得明确的答案,调查结果的统计分析也比较容易,但遇到一些会使被调查者困窘或敏感的问题,采用这种提问方式常常无法得到所需要的回答。

2. 间接性问题

间接性问题是不宜直接询问,而采用间接提问方式得到所需答案的问题。通常是指那些被访问者因对所需回答的问题产生疑虑,不敢或不愿真实地表达意见的问题。例如:

> 您每个月的收入是多少?_____。

对于这类问题,调查者尽量不要直接询问,而应当采用间接询问的方式,如通过询问其消费支出等进行推断,避免引起被调查者的反感,导致调查过程中出现不愉快或摩擦。

3. 假设性问题

假设性问题是指通过假设某一情景或现象而向被访者提出的问题。例如:

> 如果在购买汽车和住宅中您只能选择一种,您可能会选择哪一种?
> A. 汽车　　　　　　　　B. 住宅

二、量表设计

(一) 量表的含义

量表(Scale)是一种态度测量工具,它试图确定主观的(有时是抽象的)概念的定量化水平。量表的含义包括对态度和测量的准确理解。

1. 态度

在营销研究中,态度主要有三方面的含义:一是对某事物的了解和认识;二是对某事物的偏好;三是对未来行为或状态的预期和意向。

2. 测量

测量就是根据一定的法则,将某种事物或现象所具有的属性或特征用数字或符号表示出来的过程。测量的对象不是事物本身,而是事物所具有的一些特征或属性。如在市场营销中,我们感兴趣的不是测量消费者,而是测量消费者的意见、态度、偏好及其他有关的特征,这习惯上被称为态度测量。

测量具有不同的层次,分为定类测量、定序测量、定距测量和定比测量四种。

(1) 定类测量。定类测量是一种分类体系,即将研究对象的不同属性或特征加以区分,标以不同的名称或符号,确定其类别,如性别。定类测量所分类别必须既具有穷尽性,又具有互斥性。定类测量又称类别测量或定名测量。

(2) 定序测量。定序测量是按照某种特征或标准将对象区分为强度、程度或等级不同的序列,如名次、文化程度等。定序测量的数字只单纯表示大小。定序测量又称等级测量或顺序测量。

(3) 定距测量。定距测量既可以区分事物或现象之间的不同类别和不同等级,还能够确定不同等级的间隔距离和数量差别,如智商、出生年份、温度等。定距测量没有绝对零点,数据可进行加减运算。定距测量又称等距测量或区间测量。

(4) 定比测量。定比测量在定距测量的基础上具有绝对零点,数据可进行加减运算,还能够进行乘除运算,如收入、年龄、出生率等。定比测量又称等比测量或比例测量。

(二) 量表的类型

常用的量表有连续评分比较量表、等级顺序量表、配对比较量表、语意差别量表和李克特量表等。

1. 连续评分比较量表

连续评分比较量表是对提出的问题以两种对立的态度为两端点,在两端点中间按程度顺序排列不同的态度;由被调查者从中选择一种适合自己的态度表现。连续评分比较量表用不同的数值来代表某种态度,目的是将非数量化的问题加以量化,而不是用抽象的数值随意排列。连续评分比较量表又称直线标记量表或评比量表。例如:

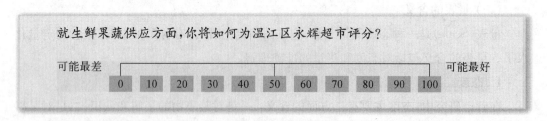

连续评分比较量表的优点是省时、有趣、用途广、可以用来处理大量变量等,因此在市场营销研究中被广泛采用。但在实施连续评分比较量表时要注意以下三种误差:

(1) 仁慈误差。有些人对客体进行评价时,倾向于给予较高的评价,这就产生了所谓的仁慈误差;反之,有些人总是给予较低的评价,从而引起负向的仁慈误差。

（2）中间倾向误差。有些人不愿意给予被评价的客体很高或很低的评价，特别是当不了解或难以用适当的方式表示出来时，往往倾向于给予中间性的评价。

（3）晕轮效果。如果受测者对被评价的对象有一种整体印象，可能会导致系统偏差。预防的方法是对所有要被评价的对象，每次只评价一个变量或特性；或者问卷每一页只列一种特性，而不是将所有要被评的变量或特性全部列出。

2. 等级顺序量表

等级顺序量表是将许多研究对象同时展示给受测者，并要求他们根据某个标准对这些对象排序或分成等级的量表。等级顺序量表是一种比较性量表。例如：

> 对手机的不同品牌按偏好的顺序进行排列，从选出你最喜欢的品牌并填写1开始，然后找出第二位偏爱的品牌并填2，继续这一步到你对所有的手机按偏好的顺序进行排列。最不喜欢的品牌的顺序为7。
>
> 任何两个品牌不应该得到相同的排序数。
>
> 偏好的标准由你决定，没有正确或错误的答案，尽量保持一致。
>
> | 品牌名称 | 等级顺序 |
> | --- | --- |
> | ① 联想 | _____ |
> | ② 苹果 | _____ |
> | ③ HTC | _____ |
> | ④ 三星 | _____ |
> | ⑤ 小米 | _____ |
> | ⑥ 诺基亚 | _____ |
> | ⑦ 摩托罗拉 | _____ |

等级顺序量表的特点包括：顺序量表根据事物某一特点，将事物属性分成等级，用数字表示；这种测量水平，不仅能区分不同类别，而且能排出等级或顺序，如胖瘦、大小、高矮、上中下、名次等；等级量表反映事物的类别的差不必相同，不具有等距性。

3. 配对比较量表

配对比较量表是受测者被要求对一系列对象两两进行比较，根据某个标准在两个被比较的对象中作出选择的量表。配对比较量表也是一种使用很普遍的态度测量方法。它实际上是一种特殊的等级顺序量表，不过要求排序的是两个对象，而不是多个。例如：

下面是十对手机品牌,对于每一对品牌,请指出你更喜欢其中的哪一个。在选中的品牌前的□内打√。

① □联想　　　□苹果
② □联想　　　□HTC
③ □联想　　　□三星
④ □联想　　　□小米
⑤ □苹果　　　□HTC
⑥ □苹果　　　□三星
⑦ □苹果　　　□小米
⑧ □HTC　　　□三星
⑨ □HTC　　　□小米
⑩ □三星　　　□小米

访问结束之后,可以将受测者的回答整理成表格的形式,如表 6-1 所示。其中元素 "1" 表示受测者更喜欢这一列的品牌, "0" 表示更喜欢这一行的品牌。将各列取值进行加总,得到表中合计栏,这表明各列的品牌比其他品牌更受欢迎。

表 6-1　根据配对比较量表得到的品牌偏好矩阵

	联想	苹果	HTC	三星	小米
联想	/	1	1	1	0
苹果	0	/	0	0	0
HTC	0	1	/	1	0
三星	0	1	0	/	0
小米	1	1	1	1	/
合计	1	4	2	3	0

假设调查样本容量为 100 人,将每个人的回答结果进行汇总[①],得到如表 6-2 所示的次数矩阵。再将次数矩阵变换成比例矩阵(用次数除以样本数),如表 6-3 所示,在品牌自身进行比较时,令其比例为 0.5。

---

① 为了计算方便,汇总结果为臆造。

表 6-2 根据配对比较量表得到的品牌偏好矩阵

	联想	苹果	HTC	三星	小米
联想	/	85	80	90	30
苹果	15	/	35	40	30
HTC	20	65	/	60	45
三星	10	60	40	/	20
小米	70	70	55	80	/

表 6-3 品牌偏好比例矩阵

	联想	苹果	HTC	三星	小米
联想	0.5	0.85	0.8	0.9	0.3
苹果	0.15	0.5	0.35	0.4	0.3
HTC	0.2	0.65	0.5	0.6	0.45
三星	0.1	0.6	0.4	0.5	0.2
小米	0.7	0.7	0.55	0.8	0.5
合计	1.65	3.3	2.6	3.2	1.75

从表 6-3 可以看出,最受欢迎的手机品牌为苹果,其得分最高,达到 3.3;其次受欢迎的是三星;最不受欢迎的是联想。

配对比较量表的优点包括:一方面,对受测者来说,从一对对象中选出一个肯定比从一大组对象中选出一个更容易;另一方面,配对比较也可以避免等级顺序量表的顺序误差。因为一般要对所有的配对进行比较,所以对于有 n 个对象的情况,要进行 $n(n-1)/2$ 次配对比较,是关于 n 的一个几何级数;因此,配对比较量表适用于当要评价的对象的个数不多时(不超过 10 个)的情况。另外一个缺点是"可传递性"的假设可能不成立,在实际研究中这种情况常常发生。同时,对象列举的顺序可能影响受测者,造成顺序反应误差;而且这种"二选一"的方式和实际生活中作购买选择的情况也不太相同,受访者可能在 A、B 两种品牌中对 A 要略微偏爱些,但实际上却两个品牌都不喜欢。

4. 语意差别量表

语意差别量表是一次性集中测量被测者所理解的某个对象含义或属性的测量手段。语意差别量表又叫语意分化量表。例如,对某三种品牌手机进行评价的语意差别量表如图 6-1 所示。

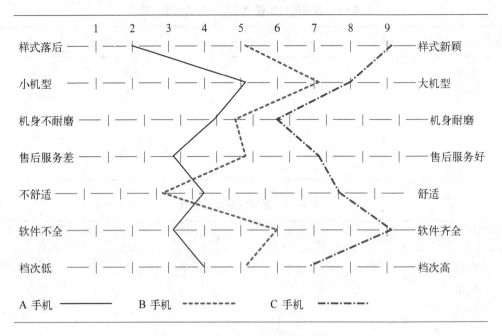

图 6-1　某三种品牌手机语义差别量表

每种手机属性所代表的分数相加即得该品牌的总分数。图 6-1 中最不利的负面态度得分最低,正面态度分数最高。可借助计算机统计出每个品牌的平均值。

语意差别量表的制作方法如下:

(1) 确定与测量对象相关的一系列属性。

(2) 对每个属性选择一对意义相对的词语,放在量表两端,中间划分为 7 个以上的奇数等级。

(3) 受访者根据其对测量属性的看法进行评价,在相应等级上作标记。

(4) 连接这些标记,画出受访者的态度曲线。

5. 李克特量表

李克特量表由一组陈述组成,每一陈述有"非常同意"、"同意"、"不确定"、"不同意"、"非常不同意"五种回答,分别记为 1、2、3、4、5;每个被调查者的态度总分就是他对各道题的回答所得分数的加总,这一总分可说明被调查者的态度强弱或他在这一量表上的不同状态。李克特量表在市场调查中应用非常广泛。例如:

> 现在我想了解您对力克除臭液的印象,您说您已经很熟悉,但还未使用过。请在表 6-4 每个陈述后选择您的态度。

表 6-4 对力克除臭液印象的李克特量表①

	非常同意	同意	不确定	不同意	非常不同意
它们可能会使我不舒服					
我很满意我正使用的产品					
我的问题还不严重					
要使用它很麻烦					
价格太贵					
可能会使衣服变湿					
不好意思去买它们					
广告无法让我确信产品有效					

李克特量表设计的基本步骤如下：

(1) 收集大量(50~100)与测量概念相关的陈述语句。

(2) 由研究人员根据测量的概念将每个测量的项目划分为"有利"或"不利"两类，一般测量项目中有利或不利的项目都应有一定的数量。

(3) 选择部分受测者对全部项目进行预先测试，要求受测者指出每个项目是有利的或不利的，并在下面的强度描述语中进行选择，一般采用"五点"量表：

① 非常同意；② 同意；③ 不确定；④ 不同意；⑤ 非常不同意。

(4) 对每个回答给一个分数，如从非常同意到非常不同意的有利项目分别为 1、2、3、4、5 分，对不利项目的分数就为 5、4、3、2、1。

(5) 根据受测者的各个项目的分数计算代数和，得到个人态度总得分，并依据总分多少将受测者划分为高分组和低分组。

(6) 选出若干条在高分组和低分组之间有较大区分能力的项目，构成一个李克特量表。如可以计算每个项目在高分组和低分组中的平均得分，选择那些在高分组平均得分较高并且在低分组平均得分较低的项目。

---

① 该量表为不完整版。

第三节 问卷设计的程序

问卷设计由一系列相关的工作过程所构成的。为使问卷具有科学性、规范性和可行性,问卷设计一般要经过事前准备、设计问卷和事后检查三个阶段。

一、事前准备阶段

事前准备阶段主要是确定调查目标和内容、确定调查所需资料以及确定调查方式、方法等。

(一)确定调查目标和内容

确定为什么要进行这项调查。明确调查目标是调查设计的首要问题,只有确定了调查目标,才能确定调查的范围、内容和方法,否则就会列入一些无关紧要的调查项目,而漏掉一些重要的调查项目,无法满足调查的要求。

(二)确定调查所需资料

在对二手资料搜集和评判的基础上,以研究目标和内容为根据,考虑经费和时间限制,科学确定调查所需的资料和来源范围。

(三)确定调查方法

获得调查数据可以有多种方法,主要有访问、电话调查、邮寄调查和网络调查等。每一种方法对问卷设计都有影响,应根据不同的研究问题和目的合理确定恰当的调查方法。

二、设计问卷阶段

设计问卷阶段的主要任务包括提问项目的设计、回答项目的设计、问题顺序的设计以及版面格式的设计。该部分内容将在下一节进行详细介绍。

三、事后检查阶段

事后检查阶段的主要任务为问卷评估、问卷预先测试、问卷修正和问卷印刷。

(一)问卷评估

问卷评估的内容包括:问题是否必要;问卷是否太长;问卷是否回答了调研目标所需的信息;邮寄和自填式问卷的外观设计是否美观,避免看上去杂乱;是否给开放式问题足够的空间;问卷中的说明应当用明显字体。

(二) 问卷预先测试

当问卷已经获得各方认可后,还必须进行预先测试。由最终将进行实地调查的优秀访问人员对调研的目标应答者以最终访问的相同形式实施调查。问卷预先测试的目的是寻找问卷中存在的错误解释、不连贯的地方、不正确的跳跃模式、为封闭式问题寻找额外的选项以及探寻应答者的一般反应。对预先测试获得的数据,研究人员应当考虑编码、制表和常规的统计分析。

(三) 问卷修正

在预先测试完成后,任何需要改变的地方应当切实修改。在进行实地调研前应当再一次获得各方的认同,如果预先测试导致问卷产生较大的改动,应进行第二次测试。

(四) 问卷印刷

在完成上述所有步骤后就可以定稿,印刷最终问卷。

第四节 问卷设计的技巧和注意事项

一、设计提问项目的技巧和注意事项

(一) 措词的选择

1. 用词要确切

有些量词在不同人看来意义是不同的,如多和少、经常和一般等。因而,提问一定要准确,避免晦涩。例如:

> "您是否经常看电影?"应改为"您上个月看了几次电影?"

2. 用词要通俗

提问要避免专业性词汇,以提高被调查者的参与率。例如:

> "您对哪个ISP的服务比较满意?"应改为"您对哪个网络服务提供商的服务比较满意?"

(二) 避免否定形式的提问

否定往往是肯定的强调。在调查中如用否定的提问会让被调查者有一种被强迫同意的感觉。例如：

> "您觉得这种产品的新包装不美观吗？"应改为"您觉得这种产品的新包装美观吗？"

(三) 一项提问只包含一项内容

一项提问如果包括多项内容，会让被调查者无所适从，尤其是当多项内容互相矛盾时。例如：

> "您觉得这部新款轿车的加速性能和制动性能怎么样？"应改为两个问题："(1)您觉得这部新款轿车的加速性能怎么样？(2)您觉得这部新款轿车的制动性能怎么样？"

(四) 避免诱导性提问

在诱导情况下，往往不能得到被调查者对事物的客观评价。例如：

> "您认为在中国汽车工人有可能失业的情况下，一个爱国的中国人应该购买进口汽车吗？"应改为"您会购买进口汽车吗？"

(五) 尽量避免使用"为何"的问句

"为何"方式的提问会让被调查者感到一种压迫感，因而应尽量避免。例如：

> "您为何购买苹果手机？"应改为"您购买苹果手机是被它的哪一点所吸引？"

(六) 问句要考虑时间性

时间太过遥远，被调查者将不愿花时间去回忆思考。例如：

> "您去年家庭生活费支出是多少？"应改为"您家上月生活费支出是多少？"，然后由被调查者根据其他相关信息进行推算。

(七) 避免推算和估计

如果被调查者需要计算和估计才能回答问题,他很可能随意回答,甚至拒绝回答。例如:

> "您家每年平均每人的生活费用是多少?"应改为两个问题:"(1) 您家每月(或每周)的生活费是多少?(2) 您家有几口人?"

(八) 避免敏感性和隐私问题

敏感性和隐私问题往往会引起被调查者的防备,使其产生抵御心理,甚至拒绝合作。

> "您是否逃过税?逃过几次?数量多少?"对于此类问题应采用投石问路、旁敲侧击等方式询问。

二、问句答案设计技巧和注意事项

问句答案设计技巧和注意事项主要包括:答案要穷尽、互斥;答案中尽量不用贬义词;单选题的答案设计不宜过多;答案设计要提高可读性等。

三、问题顺序的设计

问题顺序的设计主要是要吸引被调查者的兴趣,让被调查者能够顺利做完问卷。具体来讲,要注意:问题的安排应具有逻辑性;问题的安排应先易后难;能引起被调查者兴趣的问题放在前面;按信息的类型对问题进行排序;综合性问题要放在具体问题之前;开放式问题放在后面。

四、问卷版面格式的设计技巧和注意事项

(一) 问卷版面格式设计的技巧

问卷版面的设计要做到:简洁、明快,便于阅读;装订整齐、美观;便于携带、便于保存等。

(二) 问卷版面格式设计的注意事项

问卷版面的设计应注意:避免为节省用纸而挤压卷面空间;同一个问题应排版在同一页;问题按信息的性质可分为几个部分,每个部分中间以标题区分;调查问卷用纸尽量精良,超过一定的页数,应装成小册。

本 章 小 结

问卷是市场调查的主要工具。本章在对问卷设计进行概述的基础上,介绍了问卷的设计技术、问卷设计的程序以及问卷设计的技巧和注意事项。问卷的设计技术主要包括问题的类型和量表的设计。常用的量表有连续评分比较量表、等级顺序量表、配对比较量表、语意差别量表和李克特量表等。问卷设计一般要经过事前准备、设计问卷和事后检查三个阶段。问卷设计的技巧和注意事项包括设计提问项目、问句答案设计、问题顺序设计和问卷版面格式四个方面。

思考题

1. 常见的问卷类型有哪些?
2. 如何设计一份合理的市场调查问卷?
3. 问卷中常见的问题类型有哪些?
4. 有哪些常见的量表?
5. 如何进行量表的设计?

第七章 抽样调查

批发零售业调查中的分层抽样

四川农业大学的张教授近期正在做一个"成都市批发零售业现状调查"的课题。他准备让他的研究生在假期深入成都市的部分批发零售单位进行调查。为了使调查样本具有代表性,他打算采取"区(县)——办事处(乡镇)——居委会(村委会)"三阶分层抽样的抽样方式抽取样本。

根据方案,将在每个居委会(村委会)抽取样本3~6个。方案中提供了人口数和个体数两个辅助变量。对于辅助变量是个体数的完全可以使用规模分配方法分配样本量,个体数多的分配较多的样本量。对于辅助变量是人口数的如果采取规模分配方法,由于人口数与一个地区的个体单位数没有必然的联系,可能导致某些居委会的个体数比较多,但却分配了较少的样本量,使得居委会分层变得困难,同时使居委会方差显著增大;而获得较多样本量的居委会,分层的效果和方差提高幅度有限;故采用比例分配的方法可能更加合适一些。对居委会(村委会)层内,按相应的分配方法直接使用简单随机抽样完成。

确定办事处(乡镇)、居委会(村委会)的样本量与以下几点有关:(1)估计量的误差、置信度,决定简单随机抽样的样本量;(2)采用的抽样方法,决定抽样效果;(3)分层数目的多少,决定样本的代表性。所以,应该重点考虑分层的问题,分层太多,没有必要;分层太少,导致层内的方差增大,可能影响估计值的精度以及抽样效果。所以,在每阶分层时,应该合理考虑,以使样本的变异程度在层内达到一个合理水平。

根据以上原则,张教授在成都各区县共抽取4个办事处,包括14个居委会;1个乡,包括4个村委会;经过清查和实施简单随机抽样,共抽取批发零售业单位70个。

案例思考:

在实施抽样调查时,如何控制抽样误差?

第一节　抽样调查概述

一、抽样调查的含义

(一) 抽样

抽样（Sampling）又称取样，是从欲研究的全部对象中抽取一部分样本单位。

(二) 抽样调查

抽样调查是从研究的全部对象中，抽选一部分单位进行调查，并据以对全部研究对象作出估计和推断的一种调查方法。

抽样调查是一种非全面调查。抽样调查是市场调查中难度较大的工作，但正是由于有了抽样这一统计学工具，市场调查才能够做到仅仅通过调查少量的个体，即可准确推断有关市场全体的信息，市场调查才有了推广和应用的基础。

二、抽样调查的意义及作用

(一) 意义

抽样调查的意义在于可以通过对部分单位的调查，达到对总体单位数量特征的认识。

(二) 作用

抽样调查的作用主要有以下几个方面：(1) 在不可能采用全面调查时可采用抽样调查，如对无限总体的调查；(2) 不必要进行全面调查时可采用抽样调查，如产品质量的破坏性检验；(3) 由于时间、经费限制或误差要求不高时可采用抽样调查，如一般的科研项目调查；(4) 满足紧急需要，同时又可以不作全面调查的调查可用抽样调查，如学生食堂每餐的例行检查；(5) 在全面调查后，对某些数据进行修正时采用抽样调查。

三、抽样调查的原理

(一) 必然性与偶然性的辩证关系

必然性是指事物联系和发展中一定要发生的、不可避免的趋势。偶然性是指事物联系和发展中不确定的趋向。

必然性和偶然性是对立统一的关系。两者是对立的，它们是事物发展的两种不同趋向，产生的原因以及在事物发展中的地位和作用不同。两者又是统一的，其表现是：第一，必然性总是通过大量的偶然性表现出来，由此为自己开辟道路，没有脱离偶然性的纯粹必然性;第二,偶然性是必然性的表现形式和必要补充,偶然性背后隐藏着必然性并受其制约,没有脱离必然性的纯粹偶然性;第三,必然性和偶然性可以在一定条件下互相转换。

必然性和偶然性辩证关系的原理对指导科学研究和社会实践有重大意义。抽样调查得到的结果是一种偶然性,是总体现象必然性的表现。因而,依据必然性和偶然性辩证关系的原理,可以通过抽样调查对总体现象进行估计和预测。

(二) 大数定理

大数定理的数学公式为:

$$\lim_{n\to\infty} p\left\{\left|\frac{1}{n}\sum_{i=1}^{n}X_i - \mu\right| < \varepsilon\right\} = 1$$

其中,n 为样本容量,X_i 为样本值,μ 为总体均值,ε 为给定的充分小的值。

大数定理表明:当样本容量 n 充分大时,可以用样本平均估计总体平均。大数定理的意义在于:个别现象受偶然因素影响;但是,对总体的大量观察后进行平均,就能使偶然因素的影响相互抵消,从而使总体平均数稳定下来,反映出事物变化的一般规律。因而,在进行抽样调查时,如果抽样样本足够大,就可以用样本统计量来估计总体指标值。

(三) 中心极限定理

定理1:正态分布的再生定理,即相互独立的两个正态随机变量相加之和仍服从正态分布;因此,从服从正态分布的总体中抽出一个容量是 n 的样本,则样本平均数($\overline{X}$)也服从正态分布。

定理2:随机变量 X_1,X_2,$\cdots$,X_n 相互独立,且服从同一分布,该分布存在有限的期望(μ)和方差(σ)。则当 n 趋于无穷大时,其算术平均数($\overline{X}$)近似服从正态分布,且

$$\overline{X} \sim N\left(\mu, \frac{\sigma^2}{n}\right)$$

中心极限定理表明:无论总体服从何种分布,只要它的期望值与方差存在,就可以通过增大样本容量 n 的方式,保证样本平均数近似服从正态分布。也就是说,大样本的平均数近似服从正态分布。因此,可以用样本统计量估计总体参数。

四、抽样调查的相关概念

(一) 总体与样本

1. 总体

总体是指所要研究对象的全体,由许多客观存在的具有某种共同性质的单位构成。

总体单位数一般用 N 表示。总体又称全及总体或母体。

2. 样本

样本来自总体，是从总体中按随机原则抽选出来的部分，由抽选的单位构成。样本单位数一般用 n 表示。样本又称子样。

总体是唯一的、确定的；而样本是不确定的、可变的、随机的。

(二) 样本容量与样本个数

1. 样本容量

样本容量是一个样本中所包含的单位数，用 n 表示。样本容量大，样本误差会小，但调查费用必然增加；反之，样本容量过小，又将导致抽样误差增大，甚至失去抽样推断的价值。因此，在抽样设计中应根据调查目的认真考虑合适的样本容量。

2. 样本个数

样本个数是指从一个总体中所可能抽取样本的个数。样本个数又称样本可能数目。对于有限总体，样本个数可以计算出来。样本个数的多少与抽样方法有关。

(三) 总体参数和样本统计量

1. 总体参数

总体参数是反映总体数量特征的指标。

2. 样本统计量

样本统计量是根据样本分布计算的指标。

总体参数的数值是唯一的、确定的；而样本统计量是随机变量。

(四) 重复抽样与不重复抽样

1. 重复抽样

重复抽样是指从总体中抽出一个样本单位，记录其标志值后，又将其放回总体中继续参加下一轮单位的抽取。重复抽样又称重置抽样。

重复抽样的特点为：n 个单位的样本是由 n 次试验的结果构成的；每次试验是独立的，即试验的结果与前次、后次的结果无关；每次试验是在相同条件下进行的，每个单位在多次试验中选中的机会是相同的。

2. 不重复抽样

不重复抽样是指每次从总体抽取一个单位，登记后不放回原总体，不参加下一轮抽样。不重复抽样又称不重置抽样。

不重复抽样的特点为：n 个单位的样本由 n 次试验结果构成，但由于每次抽出不重复，所以实质上相当于从总体中同时抽取 n 个样本单位；每次试验结果不是独立的，上次中选情况影响下次抽选结果；每个单位在多次试验中中选的机会是不等的。

第二节　抽样调查的程序

抽样调查的程序可分为定义总体、设定总体框架、抽样设计和抽样四个阶段。

一、定义总体

(一) 定义总体单元

确定总体是由哪些单元个体构成的。个体可以是个人、家庭、公司和工厂等。

(二) 设定总体边界

总体边界是将与调研项目相关的个体和无关个体区分开的条件。应该用操作术语将总体边界表示清楚。如将"啤酒饮用者"定义为"过去三个月至少喝一次啤酒的人"。

二、设定总体框架

总体框架就是一份清单或一个系统，在它上面列出了总体中的每一个成员。设定总体框架由获得清单、处理清单问题和给没有清单的问题加上一个框架三部分构成。

(一) 获得清单

一般情况下，应尽量使用现有的清单，实在不行才亲自获得清单。

对于地区级清单可以从邮政局的地址目录、地区电话目录和街道办事处等获取；对于组织成员清单可以从组织内部获取；对于行业、企业清单可以从地方黄页、工商部门等获取。

(二) 处理清单问题

获得的清单可能出现遗漏、无被选资格、加倍(重复)和聚类等问题。

1. 遗漏问题

遗漏问题是指清单中部分总体成员没有被列出。

当清单包含了90%的总体并不遗漏重要的子集时，可以直接使用清单；包含50%～90%的总体并遗漏了子集时，可以使用清单，但必须补充遗漏；包含50%的总体或更少时，不使用这份清单。

2. 无被选资格

无被选资格是指清单中所列的内容不属于总体。

当遇到无被选资格的元素时就删除它,并相应地调整抽样规模的大小。

> 例如:需要调查某一城市 300(n)个成年人的样本;据了解成年人占所有登记人数的 60%(p),则调整后的样本规模 $n' = n/p = 300/0.6 = 500$。从 500 人中抽取 300 个成年人,把其他的删除。

3. 加倍问题

加倍问题是指清单上所列的内容有重复。

对于加倍问题,只需列出清单,删除重复的单元即可。

4. 聚类问题

聚类问题是指对给定的总体,清单上会有两个以上的选项与之相对应。如从 100 个已婚家庭(已婚家庭至少包含两个人)中抽 100 个人的样本规模,相当于从 200 个"单身家庭"中抽 100 个人的样本规模。

(三) 给没有清单的问题加上一个框架

首先估计总体的大小和相关属性,从总体中按预先设定的原则选择样本构成清单。

> 例如:在去商场购物的样本中,估计有 10 000 个顾客在采访期间进商场购物,要从中选 500 人。方法 1,随机访问 500 人;方法 2,每隔 20 人(10 000/500=20)访问一次,等距抽选 500 人。

三、抽样设计和抽样

抽样设计主要是指抽样样本量的确定和抽样组织形式的选择,这部分内容将在下一节重点介绍。在完成定义总体、设定总体框架和抽样设计后就可以具体实施抽样。

第三节 抽样设计

一、抽样样本确定

(一) 总体参数估计概述

设待估计的总体参数是 θ,用以估计该参数的统计量是 $\hat{\theta}$,抽样估计的极限误差是

Δ，即

$$|\theta - \hat{\theta}| \leqslant \Delta$$

极限误差是根据研究对象的变异程度和分析任务的性质来确定的在一定概率下的允许误差范围。

参数估计有以下两个要求：

(1) 精度，即估计误差的最大范围，通过极限误差来反映。显然，Δ 越小，估计的精度要求越高；Δ 越大，估计的精度要求越低。极限误差的确定要以实际需要为基本标准。

(2) 可靠性，即估计正确性的一个概率保证，通常被称为估计的置信度。

(二) 总体参数的点估计

点估计是指直接以样本统计量作为相应总体参数的估计量。

优良估计要求具有无偏、一致和有效性。点估计完全正确的概率通常为 0。因此，更多的是考虑用样本统计量去估计总体参数的范围，即区间估计。

(三) 参数区间估计

参数区间估计是指估计总体参数的区间范围，并给出区间估计成立的概率值，即

$$p(|\theta - \hat{\theta}| \leqslant \Delta) = 1 - \alpha$$

其中：α（$0 < \alpha < 1$）是区间估计的显著性水平，其取值大小由实际问题确定，经常取 1%、5% 和 10%。$1-\alpha$ 被称为置信度。一般地，将构造置信区间的步骤重复很多次，置信区间包含总体参数真值的次数所占的比例称为置信度。

> 例如：抽取了 1 000 个样本，根据每一个样本均构造了一个置信区间。这样，由这些样本构造的总体参数的 1 000 个置信区间中，有 95% 的区间包含了总体参数的真值，而 5% 的置信区间则没有包含。这里，95% 这个值被称为置信度（置信水平）。

从参数区间估计的公式可以看出，区间估计的基本要素包括样本点估计值、抽样极限误差和估计的可靠程度。

当对总体均值 μ 进行估计时，参数区间估计的公式可以写成

$$p(|\bar{X} - \mu| \leqslant \Delta) = 1 - \alpha$$

将 $|\overline{X}-\mu|\leqslant\Delta$ 两边同时除以 $\sigma_{\overline{X}}$（$\sigma_{\overline{X}}$ 为样本均值的标准差，又称为抽样平均误差；$\sigma_{\overline{X}}>0$），进一步将上式写为

$$p\left(\left|\frac{\overline{X}-\mu}{\sigma_{\overline{X}}}\right|\leqslant\frac{\Delta}{\sigma_{\overline{X}}}\right)=1-\alpha$$

当样本容量 n 充分大时，由中心极限定理知 $\overline{X}$ 近似服从正态分布，则 $\frac{\overline{X}-\mu}{\sigma_{\overline{X}}}$ 近似服从标准正态分布。故 $\frac{\Delta}{\sigma_{\overline{X}}}$ 为标准正态分布的上 $\frac{\alpha}{2}$ 分位数，记 $z_{\frac{\alpha}{2}}=\frac{\Delta}{\sigma_{\overline{X}}}$，通常称 $z_{\frac{\alpha}{2}}$ 为概率度。

（四）样本容量的确定

由参数区间估计的知识有

$$z_{\frac{\alpha}{2}}=\frac{\Delta}{\sigma_{\overline{X}}}$$

又由中心极限定理知

$$\overline{X}\sim N\left(\mu,\frac{\sigma^2}{n}\right)$$

则

$$\Delta=z_{\frac{\alpha}{2}}\cdot\frac{\sigma}{\sqrt{n}}$$

因此，样本容量 n 的计算公式为

$$n=\frac{z_{\frac{\alpha}{2}}^2\sigma^2}{\Delta^2}$$

上式中，$z_{\frac{\alpha}{2}}$ 的值可以查标准正态分布表得到，也可以在 Excel 中用函数 [=abs(normsinv(1−α/2))] 求得。

重复抽样和不重复抽样下，样本容量 n 的计算公式会有一点不同，只需加一个修正系数，这里不作介绍。另外，当总体方差未知时，一般用样本方差 s^2 代替。

二、抽样组织形式

（一）抽样估计效果的衡量与抽样组织形式

抽样必定会产生误差。这里的误差来自以下三个方面：

1. 非样本误差

非样本误差由和被访者无关的所有错误来源组成,包括度量工具自身的不足或不稳定、编码和输入数据时产生误差。

2. 样本误差

样本误差是指样本不能真实反映总体时带来的偏差。样本误差主要指样本多少的问题。样本误差可以通过调整样本量大小来控制。即样本越大就越能真实地反映总体的特征。

3. 样本偏差

样本偏差是指样本中的成员不能代表总体成员特征时产生的偏差。样本偏差主要指样本好坏的问题。样本偏差可以通过选择能最好代表总体的样本,并从所选择样本中尽可能获取数据等方式控制。

抽样估计效果的好坏关键是抽样平均误差($\sigma_{\bar{x}}$)的控制。抽样平均误差小,抽样效果从整体上看就是好的;否则,抽样效果就不理想。

抽样平均误差受以下几方面因素的影响:

(1)总体的变异性。即与σ的大小有关;总体变异性越大,抽样平均误差越大。

(2)样本容量。即与n的大小有关;样本容量越大,抽样平均误差越小。

(3)抽样的组织形式。即抽样的具体方式。

在具体实施抽样调查的过程中,由于要调查研究的总体往往是确定的,且受时间、经费的限制不能无限增大调查样本,因而选择恰当的抽样组织形式对于提高抽样效果显得尤为重要。

(二)常用的抽样组织形式

常用的抽样组织形式分为随机抽样和非随机抽样。这里重点介绍随机抽样的几种抽样组织形式。

1. 简单随机抽样

简单随机抽样是指在抽样过程中,抽样人员完全排除任何有目的的选择,采用纯粹偶然的方法从调查总体中抽样。当调查总体容量不大、差异较小时,可对被调查总体不作任何分类,通过抽签法或计算机产生随机数等形式实施简单随机抽样。

(1)抽签法。

抽签法又称丢骰子法,是简单随机抽样中一种常用方法。首先,把总体内全部样本从$1,2,\cdots,$逐一编号;然后采用抽签的形式确定被抽取样本。这种方法简单,还可以保证每个样本都有均等的机会被抽取。

(2) 随机数法。

随机数法是抽签法的延伸。当抽样调查的总体数量比较大时,如果要继续采用抽签法,利用纸质介质为每一个样本进行编号是一件费时费力的事情,且抽签也不好实施。因此,这时须借助计算机和相应软件(如 Excel)产生随机数的形式实施抽签。

> 例如:要在100名学生中随机派发10张电影票,先对其进行编码,然后在 Excel 的任一单元格输入函数"$=INT(100*RAND())$",再往下拖动复制函数到后面的9个单位格便出现10个随机数,相应随机数对应编码的同学便被抽中去看电影。

2. 类型抽样

类型抽样是对总体各单位首先按一定标志加以分组,然后从每一组中按随机原则抽取一定单位构成样本。类型抽样又称分层抽样。

> 例如:要把10张电影票发给100名同学,可以先把100名同学按性别分开后再分发电影票,以保证男女同学都能得到电影票。

类型抽样的抽样效果一般来说好于简单随机抽样。另外,类型抽样的抽样平均误差与组间方差无关,它主要取决于组内方差的平均水平。因此,在分组时应尽量扩大组间方差(组间差异),缩小组内方差(组内差异),以减少抽样误差,提高抽样效果。

3. 整群抽样

整群抽样是将总体各单位分为若干群,然后从中随机抽取部分群,对中选群的所有单位进行全面调查。整群抽样又称集团抽样。

> 例如:要把10张电影票发给100名同学。经调查这100名同学来自20个寝室,随机从这20个寝室中抽出两个寝室,被选中两个寝室的同学都派发电影票。

整群抽样的好处是操作方便、省时、省力。确定一群便可以调查许多单位,但正是由于抽样单位比较集中,限制了样本单位在总体中分配的均匀性,所以有时代表性较低、抽样误差较大。可以通过增加样本单位来减少误差。

整群抽样的抽样平均误差只取决于群间方差,这与类型抽样恰恰相反。因此分群时,应尽量扩大群内方差(群内差异),缩小群间方差(群间差异),以提高抽样效果。

4. 等距抽样

等距抽样是先按某个标志对总体单位进行排序,第一个数采用随机抽样,然后依固定的间隔来抽取样本单位。这样可以保证样本单位均匀地分布在总体各个部分,有较高的代表性。等距抽样又称机械抽样或系统抽样。

在进行等距抽样时,设总体的单位数为 N,需要抽取的样本单位数为 n,则等距抽样的间隔大小 $k = N/n$。但是,等距抽样要注意避免抽样间隔与现象本身的周期性节奏相重合,以减少系统偏差的影响,提高样本的代表性。

5. 阶段抽样

阶段抽样是先从总体中抽出较大范围的单位,再从选中的大单位中抽出较小范围的单位,依此类推,最后从更小的范围抽出样本单位。

阶段抽样一般应用于总体范围很大的情况。如在我国的农产量调查、职工家计调查中都很适用:先从全国抽出各个省,再从抽中的省中抽出县、市,最后抽出样本的基本单位。

(三) 不同抽样组织形式的比较

无论采用何种抽样组织形式,在进行抽样设计时都需要考虑以下两个问题:(1)为提高样本的代表性和增加抽样的效果,抽样都必须满足随机原则;按随机原则抽样可以保证被抽中的样本在总体中均匀分布,不致出现系统性、倾向性偏差;在随机原则下,当抽样数目达到足够多时,样本就会遵从大数定律而呈正态分布,样本单位的标志值才具有代表性,其平均值才会接近总体平均值;按随机原则抽样,才可能实现计算和控制抽样误差的目的。(2)抽样设计时,要充分考虑如何降低抽样的成本费用。

本 章 小 结

抽样是市场调查得以推广和应用的基础。本章在概述抽样调查含义、意义、作用、原理和相关概念的基础上,介绍了抽样调查的程序和抽样设计等相关内容。事物必然性与偶然性的辩证关系、大数定理和中心极限定理是抽样调查的基本原理。抽样调查的程序可分为定义总体、设定总体框架、抽样设计和抽样四个阶段。抽样设计的内容主要是抽样样本和抽样组织形式的确定。抽样的组织形式主要有简单随机抽样、类型抽样、整群抽样、等距抽样和阶段抽样几种。

思考题

1. 抽样调查的原理是什么?
2. 随机抽样有哪些类型?
3. 如何确定样本的容量?

第八章　市场调查数据的整理

"添一味"快餐店的顾客消费情况整理

四川农业大学成都校区附近新开了一家名为"添一味"的快餐店。这家快餐店的老板不是在商战中摸爬滚打多年的老手,而是三个尚未毕业的在校大学生——王同学、徐同学和张同学。

王同学是市场营销专业的学生,今年大三;王同学已修了大部分的专业课程,包括《市场调查与预测》、《市场营销》和《消费者行为学》等专业核心课程。徐同学是财务管理专业的学生,今年大二,她从小立志当老板;记账、看财务报表之类的专业技能她已搞得滚瓜烂熟。张同学是农学专业的学生,今年也大二;虽然自己所学的专业和开快餐店一点关系都没有,但他本身是个"吃货"并且对创业抱有浓厚的兴趣。

在他们的"添一味"快餐店开张之前,王同学已经到温江光华大道新开的肯德基汽车穿梭餐厅打过两个月的工,对快餐店运营的程序、细节都已了解,使自己少走弯路。徐同学已做好了常规的成本核算,包括固定设备以及每天要采购的食品的来源与价格。张同学已经设计好了宣传册和菜单的形式和部分内容。

快餐店目前的产品定价只针对单个食品,比较单一。在经过一个月的营业以后,在一个阳光明媚的下午,三位年轻的创业者围坐在餐桌旁开了一个小会。王同学首先发言,他提议向肯德基等其他快餐店学习,推出套餐。这时,学财务出身的徐同学马上问:"那套餐应该如何设计呢?又该如何有针对性地对套餐定价?"。张同学表示非常同意王同学的建议,但他认为徐同学的问题更应首先解决。三人沉思了一会。这时,王同学再次提议。他说:"我们的电脑里面有顾客的消费记录。我们可以根据顾客的实际消费水平并应用所学的概率论和统计学的知识对这些数据进行整理,然后再进行定价。"徐同学和张同学觉得王同学不愧是市场营销专业的学生,都拍手表示赞同他的观点。

第一节　数据整理的内容和程序

原始的统计数据收集上来之后,还必须经过整理、加工和分析才能真正发挥作用。数据整理主要是对统计调查所搜集到的各种数据进行审核、分类和汇总。

一、统计数据整理的内容

统计数据整理的内容主要包括以下三个层面：

(1) 根据研究目的设计整理汇总方案。统计汇总方案的设计包括两方面：一是对总体的处理方法,主要是如何进行统计分组;二是确定用哪些统计指标来说明总体。

(2) 根据汇总方案,对各个调查项目的资料进行汇总,通过汇总计算各项指标,主要是集中趋势和离中趋势指标。

(3) 通过统计表或统计图的统计形式,形象直观地描述数据整理的结果。

二、数据整理的程序

(一) 统计资料的审核

在整理之前,必须对原始数据认真地审核,检查原始数据的完整性与准确性。对于问卷调查取得的数据,要识别虚假的问卷、错误的信息,剔除问卷中不一致、不充分或不相关的回答。

(二) 资料的分组和汇总

对全部调查数据资料,按性质、特点以及根据具体研究目的进行分组归类,综合汇总形成各项统计指标。统计分组和汇总是统计数据整理的中心工作。

(三) 编制统计表或绘制统计图

统计表将调查数据有条理地呈现出来;统计图可以更加直观、更加形象地看出数据整体的走势和变化。编制统计表和绘制统计图是数据整理的主要表现形式。

(四) 统计资料的积累、保管和销毁

企业各项主要统计资料应由专门的科室和专业人员掌管;应采用卡片或台账形式,按月、季、年进行整理分类,以便使用;加工整理后的统计资料,必须妥善保管,不得损坏和遗失;对已经过时的统计资料,如认为确无保管价值,应呈请本单位主管领导核准,由综合统计员会签后,方可销毁。

第二节 统 计 分 组

一、统计分组的概念与种类

(一)统计分组的概念

根据统计研究目的和客观现象的内在特点,按标志把被研究的总体划分为若干个不同性质的组,称为统计分组。统计分组标志可以是品质标志,也可以是数量标志。

从分组的性质来看,分组兼有分和合双重含义。对于现象总体而言是"分",即把总体分为性质相异的若干部分;而对于单位而言又是"合",即把性质相同的许多单位结合为一组。对于分组标志而言是"分",即按分组标志将不同的标志表现分为若干组;而对于其他标志而言是"合",即在一个组内的各单位即使其他标志表现不相同也只能结合在一组。由此可见,选择一种分组方法,突出了一种差异,显示了一种矛盾,必然同时掩盖了其他差异,忽略了其他矛盾。不同的分组方法,可能得出不同的结论。因此,统计分组必须先对所研究现象的本质作全面、深刻地分析,确定所研究现象类型的属性及其内部差别,然后才能选择反映事物本质的、正确的分组标志。

(二)统计分组的原则

统计分组,必须遵循穷尽和互斥两个原则。

所谓穷尽原则,就是使总体中的每一个单位都应有组可归,或者说各分组的空间足以容纳总体所有的单位。

所谓互斥原则,就是在特定的分组标志下,总体中的任何一个单位只能归属于某一组,而不能同时归属于几个组。

(三)统计分组的种类

按不同的分组标准可以有不同的统计分组。分组的标志是划分资料的标准和依据,分组的标志选择是否得当,关系到能否正确地反映总体数量特征及其变化规律。统计分组主要按分组标志多少、按分组标志性质不同以及按分组作用和任务不同分为以下三种:

1. 按分组标志多少

按分组标志多少,可分为简单分组和复合分组。

简单分组就是对研究现象按一个标志进行分组,它只能从某一方面说明和反映事物的分布状况和内部结构。例如,开篇案例中王同学在进行数据整理时,将他们的顾客按性别简单地分为男顾客和女顾客。

复合分组是按两个及以上标志进行分组,即先按一个标志分组,在此基础上再按第二个标志分小组,又再层叠地按更多的标志分成更小的组。例如,王同学在将他们的顾客按性别分为男顾客和女顾客后,又将男顾客和女顾客按年龄分为少儿组、青年组、中年组和老年组。

2. 按分组标志性质不同

按分组标志性质的不同,分为品质分组和数量分组。

品质分组就是按品质标志进行分组。品质分组所形成的数列被称为品质数列。例如,王同学将顾客按性别分为男顾客和女顾客就属于品质分组。

数量分组就是按数量标志分组。数量分组所形成的数列被称为数量数列。例如,王同学将顾客按年龄分为少儿组、青年组、中年组和老年组就属于数量分组。

3. 按分组作用和任务不同

按分组的作用和任务不同,分为类型分组、结构分组和分析分组。

类型分组是把复杂的现象总体划分为若干个不同性质的部分。例如,把顾客按年龄分为少儿组、青年组、中年组和老年组就属于类型分组。

结构分组是在对总体分组的基础上计算出各组对总体的比重,借此研究总体各部分的结构。类型分组与结构分组往往紧密地联系在一起,结构分组是类型分组的延续和深化。

分析分组是为研究现象之间依存关系而进行的统计分组。例如,为研究顾客的消费额与顾客年龄之间的依存关系,就要用分析分组的方法。

二、统计分组的方法

品质分组和数量分组是最常用的分组方式。品质分组的方法较为简单,这里主要介绍数量分组的方法。

在进行数量分组时,一方面要使分组时各组数量界限的确定必须能反映事物的差别;另一方面,应根据被研究的现象总体的数量特征,采用适当的分组形式,确定适当的组距、组限。

(一) 统计分组的相关概念

1. 组限

在进行组距式分组时,分组两端的数值称为组限(Class Boundary)。其中,每组的起点值为下限,每组的终点值为上限。连续型变量中,上一组的上限同时也是下一组的下限。在分组时,凡遇到单位的标志值刚好等于相邻两组上下限数值时,根据"上限不在内"原则一般把此值归并到作为下限的那一组。

2. 组距

组距是上限和下限之间的距离。组距是组距式分组特有的概念,单项式分组没有组距的概念。

3. 组数

组数是统计分组时所分组的数量。数据的离散程度和组距的大小直接关系到组数的多少。组距大,组数就少;组距小,组数就多。在实际分组中,如果没有明确提出分组的组距等要求时,可以应用著名的斯特杰斯经验公式进行分组。斯特杰斯经验公式为:

$$n = 1 + 3.3 \lg N$$

式中,n 为组数,N 为总体单位数。假设调查得到的数据有 110 个,按斯特杰斯经验公式大致可以把得到的调查数据分为 7 组。

4. 组中值

组中值是上限和下限之间的中点数值。在数据整理过程中,对于已分组的数据,要计算其相关统计指标(如加权算术平均数等)时可以用组中值代表各组的平均水平。

(二) 数量分组的常用方法

1. 单项式分组与组距式分组

单项式分组是用一个变量值作为一组,形成单项式变量数列。单项式分组一般适用于离散型变量且变量变动范围不大的情形。例如,随机对 50 位居民进行调查,按其拥有住房的套数分组,可分为 0 套、1 套、2 套、3 套、4 套及以上 5 组,如表 8-1 所示。

表 8-1 居民拥有住房套数的单项式分组

拥有住房(套)	频 数
0	12
1	23
2	8
3	4
4 及以上	3
合计	50

组距式分组是将多个变量值作为一组,变量依次划分为几段区间,把一段区间内的所有变量值归为一组,形成组距式变量数列。区间的距离就是组距。连续型变量或者变动范围较大的离散型变量,适宜采用组距式分组。例如,反映顾客消费水平情况按人

均消费额分组分为：5~10元、10~15元、15~20元、20~25元、25元以上5组，如表8-2所示。

表8-2 人均消费额的组距式分组

人均消费额(元)	频 数
5~10	4
10~15	8
15~20	15
20~25	13
25以上	9
合计	49

2. 间断组距式分组和连续组距式分组

在进行组距式分组时，凡是上一组的上限和下一组的下限不相等的，称为间断组距式分组。如表8-3所示的人均消费额分组就属于间断组距式分组。

表8-3 人均消费额的间断组距式分组

人均消费额(元)	频 数
5~10	4
11~15	8
16~20	15
21~25	13
26以上	9
合计	49

在进行组距式分组时，凡是上一组的上限和下一组的下限相等的，称为连续组距式分组。如表8-2所示的人均消费额分组就属于连续组距式分组。

对于离散型变量，连续组距式分组和间断组距式分组两种分组都可以。而对于连续型变量，只能采用连续组距式分组。

3. 等距分组与异距分组

等距分组的标志值在各组保持相等的组距，即各组的标志值变动都限于相同的范围。一般用于标志值变动比较均匀的场合。表8-2和表8-3所示的人均消费额的分组均属于等距分组。

异距分组的标志值在各组保持不等的组距,即各组的标志值变动限于不相同的范围。标志值变动范围比较大时用异矩分组。表8-4所示的人均收入的分组就属于异距分组。

表8-4 人均收入的异距分组

人均收入(元)	频数
1 000 以下	2
1 000~1 500	5
1 500~3 000	26
3 000~6 000	13
6 000 以上	4
合计	50

第三节 频数分布和频率分布

一、频数分布的基本概念

(一) 频数分布

在统计分组的基础上,将总体所有的单位按某一标志进行归类排列,称为频数分布,或次数分布。频数分布是统计整理的一种重要形式,即通过对凌乱的、分散的原始资料进行有次序的整理,形成一系列反映总体各组之间单位分布状况的分布数列。

(二) 分布数列的两个要素

分布数列由两个要素构成:一个是总体按某标志所分的组;另一个是各组所出现的单位数,即频数,也称次数。频数一般用 f_i ($i=0,1,\cdots,n$, n 为分组的组数) 表示。

二、分布数列的编制

(一) 分布数列的编制方法

例8-1:"添一味"快餐店对顾客的消费情况进行统计,随机抽取49个顾客的消费数据以调查顾客的消费额,具体数据如表8-5所示。

表 8-5　49个顾客的消费数据　　　　　　　　单位：元

5	14	16	21	25	8	15	17	22	25
11	16	18	22	27	14	16	20	24	33
8	14	16	22	25	14	16	20	24	12
16	18	22	27	10	16	18	22	26	14
16	20	24	28	9	16	18	22	26	

对上述资料采用等距分组,分为5组,组距为5,以5为第一组下限。经过整理计算,得出结果如表8-6所示。

表 8-6　人均消费额的分布数列

人均消费额(元)	频数(f_i)	频率($f_i/\sum f_i$)
5~10	4	8.2%
10~15	8	16.3%
15~20	15	30.6%
20~25	13	26.5%
+∞	9	18.4%
合计	49	100%

表8-6中第1列是按消费额所分的组;第2列是各组出现的次数,即频数;第3列是各组的频率。

(二) 相关指标的计算

1. 频数

频数等于各组出现的单位数。频数不需要专门的计算,只需简单的统计,即一个一个的数。但当样本量很大时,如对10 000个顾客的消费数据进行统计,各组的单位数必然也很大。这时,再一个一个地统计将费事费力。因此,借助某些软件,寻找一种简单快捷的方法得到各组的频数就变得非常有意义。这个问题将在本章第四节进行介绍。

2. 频率

频率为各组频数与总体单位总和之比。频率的计算公式如下:

$$频率 = f_i / \sum f_i \ (i = 0, 1, \cdots, n,\ n\text{为分组的组数})$$

频率具有如下两个性质:

(1) 任何频率都是介于 0 和 1 之间的一个数,即 $0 < f_i / \sum f_i < 1$;

(2) 各组频率之和等于 1,即 $\sum (f_i / \sum f_i) = 1$。

三、累计频数与累计频率

(一) 累计频数

累计频数分为向上累计频数和向下累计频数。

1. 向上累计频数

向上累计频数是先列出各组的上限,然后由上限值低的组向上限值高的组依次累计,如表 8-7 所示。向上累计频数表明某组上限以下的各组单位数之和是多少。根据表 8-7,可以方便快捷地知道人均消费额在 20 元以下的消费者总共有 27 人。

表 8-7 人均消费额的向上累计频数

人均消费额分组上限(元)	频 数	向上累计频数
10	4	4
15	8	12
20	15	27
25	13	40
$+\infty$	9	49
合计	49	—

2. 向下累计频数

向下累计频数是先列出各组的下限,然后由下限值高的组向下限值低的组依次累计,如表 8-8 所示。向下累计频数表明某组下限以上的各组单位数之和是多少。根据表 8-8,可以方便快捷地知道人均消费额在 20 元以上的消费者总共有 22 人。

表 8-8 人均消费额的向下累计频数

人均消费额分组下限(元)	频 数	向下累计频数
5	4	49
10	8	45

续 表

人均消费额分组下限(元)	频　　数	向下累计频数
15	15	37
20	13	22
25	9	9
合计	49	—

累计频数分布具有如下两个特点：

(1) 第一组的累计频数等于第一组本身的频数；
(2) 最后一组的累计频数等于总体单位数。

(二) 累计频率

累计频率分为向上累计频率和向下累计频率。

1. 向上累计频率

向上累计频率与向上累计频数的计算相同，也是先列出各组的上限，然后由上限值低的组向上限值高的组依次累计，如表8-9所示。向上累计频率表明某组上限以下的各组单位数之和占总体单位数的比重。根据表8-9，可以方便快捷地知道人均消费额在20元以下的消费者之和占所有消费者的比重为55.1%。

表8-9　人均消费额的向上累计频率

人均消费额分组上限(元)	频　　率	向上累计频率
10	8.2%	8.2%
15	16.3%	24.5%
20	30.6%	55.1%
25	26.5%	81.6%
+∞	18.4%	100.0%
合计	100%	—

2. 向下累计频率

向下累计频率与向下累计频数的计算相同，也是先列出各组的下限，然后由下限值高的组向下限值低的组依次累计，如表8-10所示。向下累计频率表明某组下限以上的各组单位数之和占总体单位数的比重。根据表8-10，可以方便快捷地知道人均消费额在20元以上的消费者之和占所有消费者的比重为44.9%。

表 8-10 人均消费额的向下累计频率

人均消费额分组下限(元)	频 率	向下累计频率
5	8.2%	100.0%
10	16.3%	91.8%
15	30.6%	75.5%
20	26.5%	44.9%
25	18.4%	18.4%
合计	100%	—

累计频率同样也具有如下两个特点：

(1) 第一组的累计频率等于第一组本身的频率；

(2) 最后一组的累计频率等于1。

如表 8-11 所示，累计频数和累计频率可以同时放在一个统计表中，便于管理者使用数据整理的结果。

表 8-11 人均消费额累计

向 上 累 计					向 下 累 计				
分组上限	频数	累计频数	频率	累计频率	分组下限	频数	累计频数	频率	累计频率
10	4	4	8.2%	8.2%	5	4	49	8.2%	100.0%
15	8	12	16.3%	24.5%	10	8	45	16.3%	91.8%
20	15	27	30.6%	55.1%	15	15	37	30.6%	75.5%
25	13	40	26.5%	81.6%	20	13	22	26.5%	44.9%
+∞	9	49	18.4%	100.0%	25	9	9	18.4%	18.4%
合计	49	—	100%	—	合计	49	—	100%	—

四、分布图的绘制

(一) 频数分布图

在直角坐标系上用横轴表示分组标志，纵轴表示频数，各组的分组标志与其对应的频数所构成坐标点形式的图形即为频数分布图。当用折线依次将坐标点连接时就构成了频数分布的折线图；当用平滑曲线依次将坐标点连接时就构成了频数分布的曲线图；当用直方形代表频数的大小时就构成了频数分布的直方图。

例 8-1 中频数分布的折线图如图 8-1 所示；频数分布的曲线图如图 8-2 所示；频数分布的直方图如图 8-3 所示。

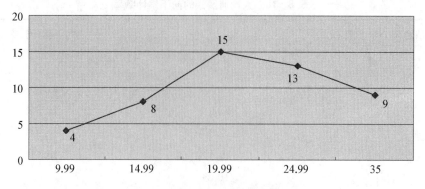

图 8-1 顾客消费额频数分布的折线图

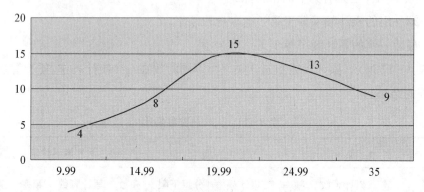

图 8-2 顾客消费额频数分布的曲线图

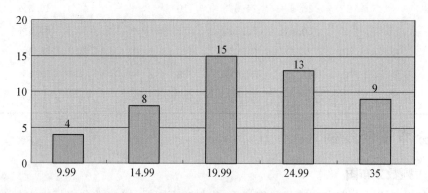

图 8-3 顾客消费额频数分布的直方图

(二) 频率分布图

在直角坐标系上用横轴表示分组标志,纵轴表示频率,各组的分组标志与其对应的频率所构成坐标点形式的图形即为频率分布图。频率分布图同频数分布图一样,也可以分别用折线图、曲线图和直方图表示。如图 8-4 是频率分布的折线图。

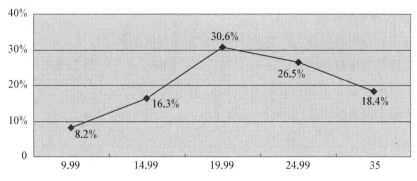

图 8-4 顾客消费额频率分布的折线图

(三) 累计频数分布图

累计频数分布图分为向上累计频数分布图和向下累计频数分布图。累计频数分布图以分组变量为横轴,以累计频数为纵轴。累计频数分布图一般采用折线图的形式。

向上累计频数分布图是在直角坐标系上,将各组组距的上限与其相应的累计频数所构成坐标点依次用直线相连,如图 8-5 所示。

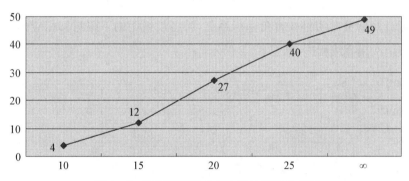

图 8-5 顾客消费额的向上累计频数分布图

向下累计频数分布图是在直角坐标系上,将各组组距的下限与其相应的累计频数所构成坐标点依次用直线相连,如图 8-6 所示。

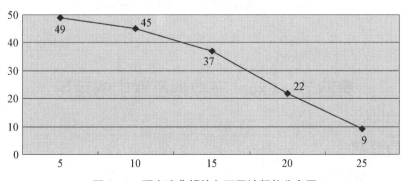

图 8-6 顾客消费额的向下累计频数分布图

(四)累计频率分布图

累计频率分布图同样分为向上累计频率分布图和向下累计频率分布图。累计频率分布图以分组变量为横轴,以累计频率为纵轴。累计频率分布图一般也采用折线图的形式。

向上累计频率分布图是在直角坐标系上,将各组组距的上限与其相应的累计频率所构成坐标点依次用直线相连,如图8-7所示。

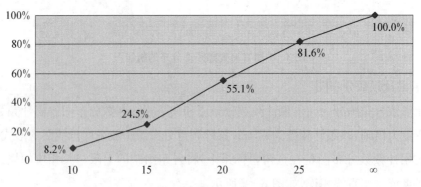

图8-7 顾客消费额的向上累计频率分布图

向下累计频率分布图是在直角坐标系上,将各组组距的下限与其相应的累计频率所构成坐标点依次用直线相连,如图8-8所示。

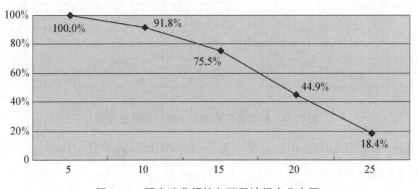

图8-8 顾客消费额的向下累计频率分布图

第四节 Excel在数据整理中的运用

一、目的原理

本节将通过Excel"数据分析"中"直方图"功能对原始调查数据进行统计分组、编制分布数列、计算向上累计频率和向下累计频率,并绘制累计分布图。

二、实验对象与用品

Excel 2003 完全安装版。

三、方法步骤

本节沿用第三节的例题,即例 8-1。为了读者阅读的方便,将源数据再次呈现。"添一味"快餐店对顾客的消费情况进行统计,随机抽取 49 个顾客的消费数据调查顾客的消费额(单位:元),具体数据见表 8-12。

表 8-12　49 个顾客的消费数据　　　　　　　　　　　　单位:元

5	14	16	21	25	8	15	17	22	25
11	16	18	22	27	14	16	20	24	33
8	14	16	22	25	14	16	20	24	12
16	18	22	27	10	16	18	22	26	14
16	20	24	28	9	16	18	22	26	

要求:(1)对上述资料采用等距分组,分为 5 组,组距为 5,以 10 为第一组上限,编制次数分布数列,并绘制次数分布图;(2)分别计算向上累计频率和向下累计频率,并绘制累计分布图。

运用 Excel 2003 完成上述要求的主要步骤如下:

1. 输入数据

(1)新建一个 Excel 工作表。打开 Excel 工作表的一个工作簿(Sheet1),第 1 行为标志行,在 A1 单元格输入 A 列的标志"顾客平均消费额"。将表 8-12 中的数据复制到 Excel 工作簿中,并将所有数据从 A2 单元格开始全部放在 A 列①,然后将数据按升序排列。

(2)在 B1 单元格输入 B 列的标志"分组"。在 B2:B6 单元格依次输入"5~10"、

---

① 对于表 8-12 中的数据,要把所有数据放在 1 列需要将另外 9 列的数据依次剪切到目标列,这样至少需要进行 9 次剪切和粘贴操作。因此这里可以考虑一种更为简洁的方法,即先将所有数据放在一行,然后再将一行数据转换为一列数据。这样只需要执行 4 次剪切和粘贴操作以及一次转换操作就可以将表 8-12 中的数据全部放在一列。将一行数据转换为一列数据的方法为:首先复制这一行数据,然后在 Excel 工作簿的任一空格单击鼠标右键并选择"选择性粘贴",在弹出来的"选择性粘贴"对话框中选择"转置",最后单击"确定"。

"10～15"、"15～20"、"20～25"和"25及以上",将源数据按例8-1的分组要求分为5组。

(3) 在C1单元格输入C列的标志"组限"。这里的组限指的是某一组的上限。在C2：C6单元格依次输入"9.99"、"14.99"、"19.99"、"24.99"和"35"。设置组限的目的是为了使分组符合统计上的"上限不在内"原则,设置"15～20"组的组限为"14.99"就可以将顾客消费额为20元的情况分到"20～25"组。另外"25及以上"的组限为"35"的原因是,通过(1)对源数据排序后发现最大的顾客消费额数据为33,所以设置最后一组的组限为"35"可以将所有顾客消费额的数据都包括在所分的组中。组限的设置是运用Excel进行数据分组整理的关键,通过正确的设置组限可以使分组满足"穷尽"和"互斥"两个原则。

(4) 在D1单元格输入D列的标志"频数";在E1单元格输入E列的标志"频率";在F1单元格输入F列的标志"向上累计频率";在G1单元格输入G列的标志"向下累计频率"备用。

在Excel中完成上述操作后的效果如表8-13所示。

表8-13 源数据及分组

	A	B	C	D	E	F	G
1	顾客平均消费额	分组	组限	频数	频率	向上累计频率	向下累计频率
2	5	5-10	9.99				
3	8	10-15	14.99				
4	8	15-20	19.99				
5	9	20-25	24.99				
6	10	25及以上	35				

2. 调出"直方图"对话框

从菜单栏"工具——数据分析"路径打开"数据分析"对话框,如图8-9所示;选择"直方图"分析工具,如图8-10所示。

注意:(1) 在"工具"菜单下可能没有"数据分析"选项。这时则需要执行"工具——加载宏",从"加载宏"对话框中选择"分析工具库",点击确定后再执行"工具——数据分析"路径打开"数据分析"对话框。(2) 执行"工具——加载宏"时提醒"放入安装光盘"。这时较好的解决方案是卸载现有的Office软件,重新安装,且在安装时选择"完全安装"选项。安装完毕后再执行"加载宏"操作。

图8-10中相应模块的功能和操作具体为:

• 输入区域:在此输入待分析数据区域的单元格范围。本例输入区域为"＄A＄1：＄A＄50"。

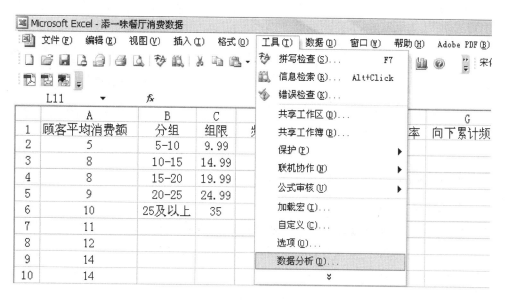

图 8-9 打开"数据分析"菜单的路径

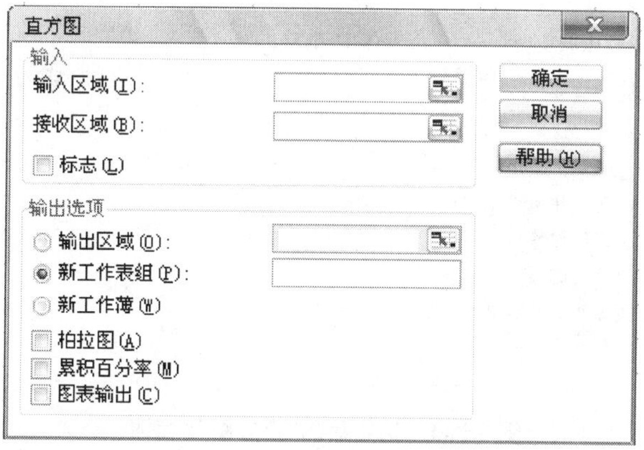

图 8-10 "直方图"对话框

注意：为了防止输入错误，最好选择直接引用功能。即点击  按钮，在数据区域点击 A1 单元格，按住鼠标左键不放，拖动到 A50 位置，再点击  按钮返回即可完成输入区域的输入。

• 接收区域：在此输入接收区域的单元格范围，该区域应包含一组可选的用来计算频数的边界值。这些值应当按升序排列。只要存在的话，Excel 将统计在当前边界点和相邻的低值边界点之间的数据点个数。如果某个数值等于或小于某个边界值，则该值将被归到以该边界值为上限的区间中（注意：与统计分组"上限不在内"原则有所区别）。如果省略此处的接收区域,Excel将在数据组的最小值和最大值之间创建一组平滑分布的接收区间。本例接收区域为"＄C＄1：＄C＄6"。

- 标志:如果输入区域的第一行或第一列中包含标志项,则选中此复选框;如果输入区域没有标志项,则清除此复选框,Excel将在输出表中生成适宜的数据标志。本例中第一行代表数据的标志,不是真正分析的数据,所以应当在"标志位于第一行"前打钩。
- 输出选项:一般选择"新工作表组"。
- 柏拉图:选中此复选框,可以在输出表中同时显示按降序排列频率数据。如果此复选框被清除,Excel将按分组的顺序来排列数据。
- 累积百分比:选中此复选框,可以在输出结果中添加一列累积百分比数值,并同时在直方图表中添加累积百分比折线。如果清除此选项,则会省略以上结果。
- 图表输出:选中此复选框,可以在输出表中同时生成一个嵌入式直方图表。

最终选定结果如图 8-11 所示。

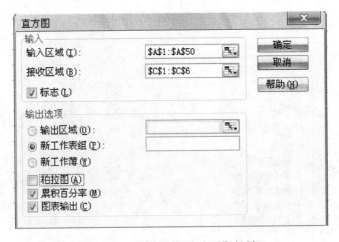

图 8-11　选定后的"直方图"对话框

最后,单击"确定"按钮。得到结果如表 8-14 和图 8-12 所示。

表 8-14　"直方图"分析结果一

	A	B	C
1	组限	频率	累积 %
2	9.99	4	8.16%
3	14.99	8	24.49%
4	19.99	15	55.10%
5	24.99	13	81.63%
6	35	9	100.00%
7	其他	0	100.00%

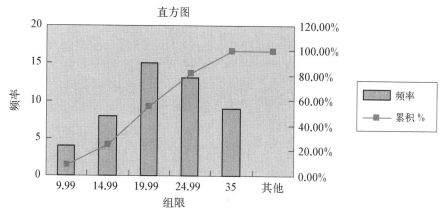

图 8-12 "直方图"分析结果二

3. "直方图"结果的分析和修正

分析表 8-14,新工作簿(Sheet4)的 A 列"组限"是数值的区间范围。B 列"频率"其实是频数,因而将 B1 单元格改为"频数"。C 列"累积％"准确地讲应该是"向上累计频率",因而将 C1 单元格改为"向上累计频率"。最后还有"其他"一行,属于验错行,看是否有人均消费额大于 35 元的样本;对于一个穷尽分组来说,这一行的频数应该为 0;结果得到验证以后这一行可以删除,因而选择第 7 行并删除。修正后的直方图输出结果一如表 8-15 所示。

表 8-15 修正后的"直方图"分析结果一

	A	B	C
1	组限	频数	向上累计频率
2	9.99	4	8.16%
3	14.99	8	24.49%
4	19.99	15	55.10%
5	24.99	13	81.63%
6	35	9	100.00%

分析图 8-12,纵坐标轴标志"频率"应为"频数",用鼠标左键单击"频率"直接修改。直方图系列标志也应为"频数",在图 8-12 的空白区域单击鼠标右键选择"源数据"选项(如图 8-13 所示),进入"源数据"对话框(如图 8-14 所示),清空"频率"系列名称后面的内容后点击按钮,在新工作簿(Sheet4)的数据区域点击"B2"单元格,再点击按钮返回,最后单击"确定"按钮。折线代表向上累计频率,因而也应进行更改;更改方法与"频率"的更改相同。更改和简单调整后的"直方图"分析结果二如图 8-15 所示。

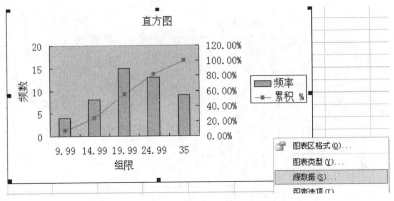

图 8-13 "源数据"选项的实现

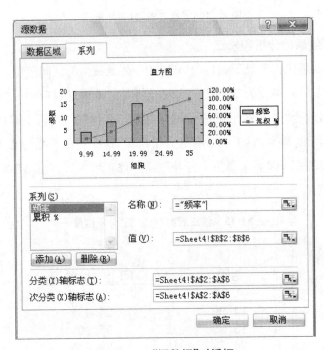

图 8-14 "源数据"对话框

4. 绘制次数分布图

选中新工作簿(Sheet4)"频数"这一列数据,即"＄B＄2:＄B＄6"单元格,选择工具栏的"插入——图表——折线图(图表类型)——下一步——完成"。

在图表的空白处点击鼠标右键选择"源数据"选项,点击"分类(x)轴标志"——选择"组限"那一列数据,即"＄A＄2:＄A＄6"——确定。

在调整坐标轴刻度、添加标志值和进行简单处理后得到次数分布图,如图 8-16 所示。

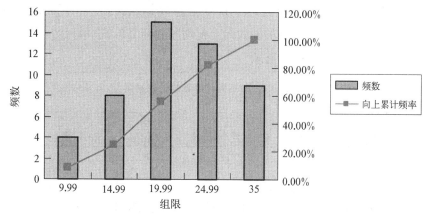

图 8-15 修正后的"直方图"分析结果二

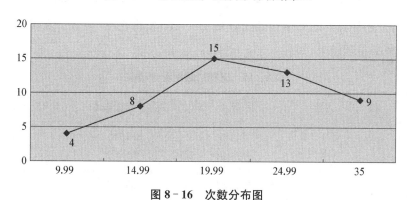

图 8-16 次数分布图

5. 计算向下累计频率

在新工作簿(Sheet4)的 D1 单元格输入"频率",E1 单元格输入"向下累计频率"。

首先,计算各组的频率。在 D2 单元格输入公式"=B2/SUM($B$2:$B$6)"[①],并设置单元格格式为百分比;将 D2 单元格的公式向下拖动复制到 D3:D6 单元格。结果如表 8-16 所示。

表 8-16 频率的计算结果

	A	B	C	D	E
1	组限	频数	向上累计频率	频率	向下累计频率
2	9.99	4	8.16%	8.16%	
3	14.99	8	24.49%	16.33%	
4	19.99	15	55.10%	30.61%	
5	24.99	13	81.63%	26.53%	
6	35	9	100.00%	18.37%	

---

① 这里"$"为绝对引用的符号,表示在复制公式时带"$"的部分是固定不变的。

其次，就可以计算向下累计频率了。在 E6 单元格输入公式"=D6"，在 E5 单元格输入公式"=E6+D5"，将 E5 单元格的公式向上拖动复制到 E4：E2 单元格。就完成了向下累计频率的计算，结果如表 8-17 所示。

表 8-17 向下累计频率的计算结果

	A 组限	B 频数	C 向上累计频率	D 频率	E 向下累计频率
2	9.99	4	8.16%	8.16%	100.00%
3	14.99	8	24.49%	16.33%	91.84%
4	19.99	15	55.10%	30.61%	75.51%
5	24.99	13	81.63%	26.53%	44.90%
6	35	9	100.00%	18.37%	18.37%

最后，将上述计算的结果填写到工作簿 Sheet1 中，即图 8-9 所示的恰当单元格中，得到完整的数据整理结果，如表 8-18 所示。

表 8-18 完整的数据整理结果

分组	频数	频率	向上累计频率	向下累计频率
5~10	4	8.16%	8.16%	100.00%
10~15	8	16.33%	24.49%	91.84%
15~20	15	30.61%	55.10%	75.51%
20~25	13	26.53%	81.63%	44.90%
25 及以上	9	18.37%	100.00%	18.37%

6. 绘制向下累计频率图

如图 8-15 所示，Excel 已自动生成了向上累计频率折线图。因此，只需要在图 8-15 中加入向下累计频率折线图就可以了。

在图 8-15 的空白区域单击鼠标右键，选择"源数据"选项，调出"源数据"对话框。在"源数据"对话框的"系列"页框中，单击"添加"按钮，出现"系列 3"的"名称"和"值"选项。通过引用的方式，"名称"引用新工作簿（Sheet4）的 E1 单元格，"值"引用 E2：E6 单元格。单击"确定"，结果如图 8-17 所示。

此时，"向上累计频率"折线在图表中消失，应对图表进行适当修改。

点击图 8-17 中褐色部分（即"向上累计频率"图表域）任一直方图形，单击鼠标右键，选择"数据系列格式"，选"坐标轴"选项卡，选择"系列绘制在"选项的"次坐标轴"选项。结果如图 8-18 所示。

点击图 8-18 中褐色部分（即"向下累计频率"图表域）任一区域，单击鼠标右键，选择"图表类型"，在"图表类型"中选"折线图"选项卡。结果如图 8-19 所示。

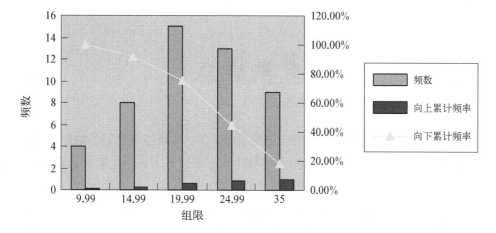

图 8‑17　加入向下累计频率折线的"直方图"分析结果二

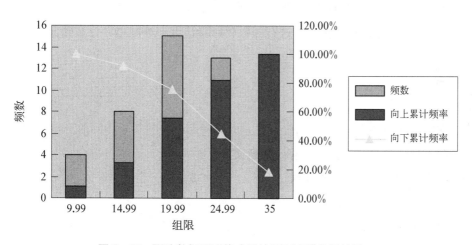

图 8‑18　更改数据系列格式后的"直方图"分析结果二

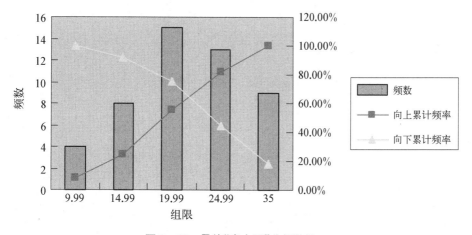

图 8‑19　最终"直方图"分析结果二

本 章 小 结

市场调查数据的整理是调查数据应用的基础工作。本章主要介绍了数据整理的内容和程序、统计分组的种类与方法、频数分布和频率分布以及 Excel 在数据整理中的运用。统计分组可以按分组标志的多少、标志性质的不同以及分组作用和任务不同分为多种类型。单项式分组与组距式分组是数量分组的常用方法,组距式分组又分为间断组距式分组和连续组距式分组、等距分组与异距分组等。频数分布和频率分布又分为向上累计频数(频率)和向下累计频数(频率)两类。利用 Excel"分析工具库"宏功能中的"直方图"分析工具可以简单快捷地对海量数据进行频数(频率)计算和绘制累计分布图。

思考题

1. 在顾客消费的市场调查中,除了性别外还有哪些变量适合用品质分组?
2. 向上累计和向下累计分别有什么意义?
3. 在 Excel 中公式"＝B2/SUM(＄B＄2:＄B＄6)"每一个符号分别代表什么意思?

第九章 市场调查数据的统计描述

开篇案例

"添一味"快餐店顾客消费情况的统计描述

在经过一个星期的数据整理工作后,"添一味"快餐店的三位老板再次在他们的店里开会。

王同学首先发言,他手里拿着一份十几页的报告对大家说:"非常感谢大家这个星期的辛勤工作。虽然4月20日雅安芦山发生了7级地震,但我们学校仍然保持了正常的教学工作秩序,大家对快餐店顾客消费数据的整理工作也很快完成,最终我们形成了这份'添一味'快餐店顾客消费情况整理报告。大家辛苦了!"

徐同学接着说:"王师兄,不必客气!这些都是我们应该做的,并且通过对顾客消费数据的整理,我还学了不少有用的知识呢!同时,通过对快餐店顾客平均消费水平的分组和汇总,尤其是编制分布数列让我对快餐店顾客的消费分布有了更深入的了解。我现在清楚地知道,到我们店来消费的顾客中,人均消费额在15~20元的最多,接近总顾客的1/3;其次是20~25元,占总顾客的1/4还多;人均消费额在10元以下的最少,还不到总顾客的1/10。另外,通过累计频率的计算,我发现人均消费额在15元以上的顾客占到我们所有顾客的3/4。"

徐同学的话音刚落,张同学接着说:"行啊,徐美女,不愧是学财务的,对数字这么敏感。看来对杂乱数据的简单分组和汇总还真能得到不少有用信息!由于我没有具体参与数据整理报告的撰写,我也没有学过统计学等相关知识,我在看报告时就不清楚统计图和统计表是怎么画的,还请王师兄和徐美女给我介绍介绍。"

王同学接过张同学的话说:"这个没问题!"另外,他还说:"目前,我们还只完成了数据分组和汇总的基本工作。为了对我们店顾客的消费水平有更深入的了解,我们应该对顾客的消费数据进行集中趋势和离散趋势分析。"

这时,徐同学附和道:"对,我们应该对数据进行更深入的分析。"张同学摸摸头说:"你们说得好专业啊,快给我讲讲吧。"

第一节 统计表与统计图

一、统计表

(一) 统计表的定义和结构

1. 统计表的定义

对统计调查所获得的原始资料进行整理,得到说明经济现象及其发展过程的数据,把这些数据按一定的顺序排列在表格上,就形成了统计表。统计表清楚地、有条理地显示统计资料,直观地反映统计分布特征,是统计分析的一种重要工具。

2. 统计表的结构

统计表是由纵横交叉的线条组成的一种表格,表格包括总标题、横行标题、纵栏标题和指标数值四个部分。如表 9-1 所示。

表 9-1 2011 年 1~9 月 50 个城市主要农产品平均价格变动　　单位:元/千克

	粮食		肉禽及其制品				蛋		水产品			鲜菜			鲜果	
	大米	面粉	猪肉	牛肉	羊肉	鸡	鸭	散装鸡蛋	活鲤鱼	活草鱼	带鱼	大白菜	黄瓜	西红柿	土豆	苹果	香蕉
1月	5.23	3.94	22.99	36.72	44.33	17.50	16.52	10.02	12.57	13.69	24.97	2.03	5.92	5.97	4.31	10.68	5.54
2月	5.21	3.95	23.98	37.35	45.52	18.01	16.57	9.86	12.99	13.96	25.88	2.07	6.50	6.21	4.47	11.15	6.36
3月	5.36	4.02	23.87	36.76	44.14	17.51	16.52	8.96	12.76	13.50	25.04	1.78	5.65	5.79	4.35	10.97	6.73
4月	5.37	4.06	23.91	36.94	43.82	17.55	16.63	8.89	12.60	13.60	25.03	1.78	4.32	5.48	4.22	10.84	8.05
5月	5.35	4.04	24.97	37.61	43.82	17.75	16.78	9.54	14.36	14.21	24.99	2.02	3.74	5.04	3.95	10.67	7.20
6月	5.39	4.07	28.32	38.23	44.05	18.09	16.86	9.90	15.72	15.03	25.41	2.83	3.23	4.50	3.61	10.31	5.36
7月	5.43	4.09	30.21	39.08	44.81	18.55	17.06	10.02	16.65	15.67	25.72	3.31	4.72	3.31	10.06	4.46	
8月	5.45	4.10	30.24	39.61	45.64	19.02	17.17	10.57	15.79	15.56	25.63	2.76	3.82	4.06	3.19	9.66	4.57
9月	5.43	4.12	30.63	40.65	47.27	19.43	17.37	10.84	14.99	15.27	25.73	2.81	4.55	4.39	3.09	9.49	5.57

注:平均价格为每月上旬、中旬、下旬三个价格的平均值。
数据来源:国家统计局. 50 个城市主要食品平均价格变动情况。

(1) 总标题。

总标题是统计表的名称,它扼要地说明该表的基本内容,并指明时间和范围。它置于统计表格的正上方。总标题也称为统计表的表头。如表 9-1 中,统计表上方的"表 9-1 2011 年 1~9 月 50 个城市主要农产品平均价格变动"部分为总标题。

(2) 横行标题。

横行标题是横行的名称,一般放在表格的左方。如表 9-1 中统计表左侧的"1 月、2 月、……9 月"为横行标题。

(3) 纵栏标题。

纵栏标题是纵栏的名称,一般放在表格的上方。如表 9-1 中统计表上方的"粮食、肉禽及其制品、……鲜果"以及它们下面的细项为纵栏标题。

横行标题和纵栏标题共同说明填入表格中的统计数字所指的内容。

(4) 指标数值。

指标数值列在横行和纵栏的交叉处,用来说明总体及其组成部分的数量特征,它是统计表格的核心部分。

此外,统计表还有补充资料、注解、资料来源、填表单位、填表人等。

(二) 统计表的设计

统计表设计总的要求要做到简练、明确、实用、美观,便于比较。统计表的设计应注意如下事项。

1. 表头

必须在表上方明确标明表的序号和标题。

2. 线条的绘制

表的上下端应以粗线绘制,表内纵横线以细线绘制。表格的左右两端一般不画线,采用"开口式"。线条绘制的原则综合起来就是常说的"上下加粗,左右开口。"

另外,目前常用的统计表之一是三线表。三线表以其形式简洁、功能分明、阅读方便而在科技论文中被推荐使用。三线表通常只有 3 条线,即顶线、底线和栏目线(见表 9-1,注意:三线表没有竖线)。其中顶线和底线为粗线,栏目线为细线。当然,三线表并不一定只有 3 条线,必要时可加辅助线,但无论加多少条辅助线,仍称作三线表。

3. 标题设计

统计表的总标题及横栏、纵栏标题应简明扼要,以简练而又准确的文字表述统计资料的内容、资料所属的空间和时间范围。

4. 合计栏的设置

统计表各纵列若需合计时,一般应将合计列在最后一行,各横行若需要合计时,一般将合计列在最后一栏。

5. 计量单位

统计表必须注明数字资料的计量单位。当全表只有一种计量单位时,可以把它写在表头的右上方。如果表中各栏的指标数值计量单位不同,可在具体纵栏标题后加括号注明。

6. 指标数值

表中数字应该填写整齐和准确。当数字小可忽略不计时,可填写"0";当某项数字缺失资料时,可用符号"…"表示;不应有数字时用符号"—"表示,而不应该为空。

7. 注解或资料来源

在统计表下,应明确注明资料来源。必要时,在统计表下应加注解或说明,以便于阅读者明确统计表中各项指标的含义和计算方法等,同时也便于查考。

二、统计图

(一) 统计图的定义和结构

1. 统计图的定义

统计图是根据统计数字,由几何图形、数据和标志等组成的图形。它具有直观、形象、生动、具体等特点。统计图可以使复杂的统计数字简单化、通俗化、形象化,使人一目了然,便于理解和比较。因此,统计图在统计资料整理与分析中占有重要地位,并得到广泛应用。

2. 统计图的结构

统计图一般由图形、图号图题、图目、图注等组成(如图9-1所示)。常见的统计图有条形统计图、扇形统计图和折线统计图等。

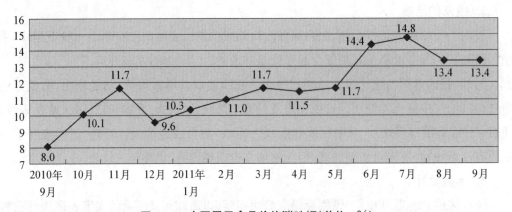

图9-1 全国居民食品价格涨跌幅(单位:%)

数据来源:国家统计局. 各地居民消费价格分类指数月度数据。

(1) 图形。

图形是根据市场调研资料用图示线绘成的曲线、条形、平面和立体图形等。图9-1中的图形为折线图所示区域。

(2) 图号图题。

图号是统计图的编号;图题是说明统计图内容的标题或名称。图号图题也被称为图示。如图 9-1 中统计图下方的"图 9-1 全国居民食品价格涨跌幅（单位：%）"部分为图号图题。

（3）图目。

图目是指说明纵轴和横轴所代表的类别、时间、地点、单位等的文字或数字。图目也称标目。如图 9-1 中图形区域坐标横轴的"2010 年 9 月、10 月、……9 月"以及坐标纵轴的"7、8、……16"部分为图目。

（4）图注。

图注是指统计图的注解和说明，包括图例、资料来源、说明等。如图 9-1 中统计图下方的"数据来源：国家统计局. 各地居民消费价格分类指数月度数据"部分为图注。

（二）统计图的类型

常用的统计图有条形图、饼图和折线图。

1. 条形图

条形图是用一个单位长度（如 1 厘米）表示一定的数量，根据数量的多少，画成长短相应成比例的直条，并按一定顺序排列起来的统计图。条形图可以清楚地表明各种数量的多少。条形图是统计图资料分析中最常用的图形。

条形统计图有如下特点：

（1）能够使人们一眼看出各个数据的大小；

（2）易于比较数据之间的差别；

（3）能清楚地表示出数量的多少。

2. 饼图

饼图是用一个圆的面积表示事物的总体，以扇形面积表示占总体的百分数的统计图。饼图也被称为百分数比较图。饼图可以比较清楚地反映出部分与部分、部分与整体之间的数量关系。

饼图有如下特点：

（1）用扇形的面积表示部分在总体中所占的百分比；

（2）易于显示每组数据相对于总数的大小。

3. 折线图

折线图是以折线的上升或下降来表示统计数量增减变化的统计图。与条形统计图比较，折线统计图不仅可以表示数量的多少，而且可以反映同一事物在不同时间里的发展变化情况。折线图在生活中运用得非常普遍，虽然它不直接给出精确的数据，但只要掌握了一定的技巧，熟练运用"坐标法"也可以很快地确定某个具体的数据。

折线统计图的主要特点是能够显示数据的变化趋势和反映事物的变化情况。

(三) 统计图的设计

统计图的设计较统计表的设计简单。其中要特别注意的是：统计图的图号和标题在图的下方，而统计表的表号和标题在表的上方。

另外，统计图的设计还要注意以下原则：

（1）应根据研究目的和资料的性质选择恰当的统计图形；

（2）图形的设计要符合科学性原则；

（3）统计图的内容应具有鲜明性；

（4）统计图的形式和排列要有一定的艺术性，做到简约、明了。

(四) 用 Excel 绘制常用的统计图

Excel 具有强大的作图功能，可根据需要选择各类型的图形制作统计图。Excel 2003 可以绘制的统计图包括柱形图、条形图、折线图、饼图、散点图、面积图、圆环图、雷达图、曲面图、气泡图、股价图、圆柱图、圆锥图和棱锥图等。用 Excel 制作各种图的方法流程大致相同。下面介绍用 Excel 绘制条形图、饼图和折线图。

1. 用 Excel 绘制条形图

例 9-1：2006—2010 年我国耕地面积和粮食产量情况如表 9-2 所示。根据资料，用 Excel 绘制条形图。

表 9-2　2006—2010 年我国耕地面积和粮食产量情况

	2006	2007	2008	2009	2010
耕地面积(亿亩)	19.51	19.51	18.26	18.26	18.26
粮食产量(亿吨)	4.97	5.02	5.29	5.31	5.46

（1）输入数据。

新建一个 Excel 工作表。打开 Excel 工作表的一个工作簿（Sheet1），将表 9-2 的数据从 A1 单元格开始输入，直至 F3 单元格输入完毕，如表 9-3 所示。

表 9-3　源数据

	A	B	C	D	E	F
1		2006	2007	2008	2009	2010
2	耕地面积（亿亩）	19.51	19.51	18.26	18.26	18.26
3	粮食产量（亿吨）	4.97	5.02	5.29	5.31	5.46

(2) 调出"图表类型"对话框。

从菜单栏"插入——图表"路径(如图 9-2 所示)打开"图表类型"对话框,如图 9-3 所示。

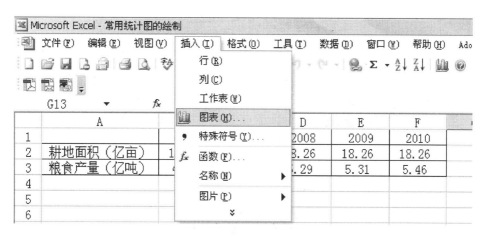

图 9-2 打开"图表"菜单的路径

图 9-3 "图表类型"对话框

(3) 绘制条形图。

在图 9-3 所示"图表类型"对话框"标准类型"下面的"图表类型"中选择"条形图"。然后在子图表类型中选择一种类型,这里选用系统默认的方式。单击"下一步"按钮,打开"图表源数据"对话框,如图 9-4 所示。

图 9-4 "图表源数据"对话框

在图 9-4"数据区域"后点击 按钮,在工作簿(Sheet1)数据区域点击"A1"单元格,按住鼠标左键不放,拖动到"F3"位置,再点击 按钮返回即可完成数据区域的输入。"系列产生在"选项根据实际情况选择,这里默认选择"行"。输入完成后的结果如图 9-5 所示。

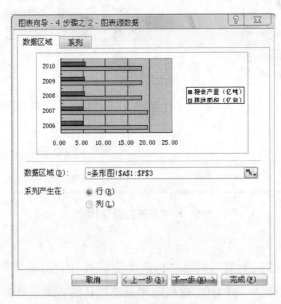

图 9-5 "数据区域"的输入

单击"下一步",结果如图9-6所示。在"图表选项"中,对"标题"、"图例"和"数据标志"适当处理。如果要对图形修改,可用鼠标双击图表,然后用鼠标双击需要修改的部分,并进行修改。

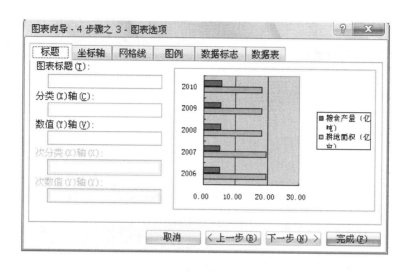

图9-6 "图表选项"对话框

单击"下一步",进入"图表位置"对话框,如图9-7所示。

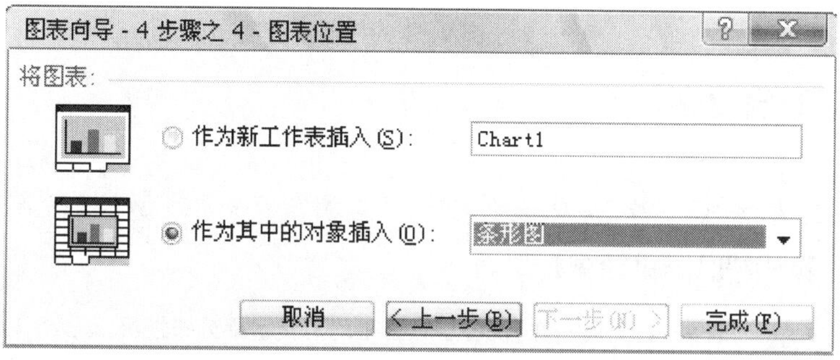

图9-7 "图表位置"对话框

图9-7中的选项默认不变,便于统计表制作者参照源数据修改完善统计表。单击"完成",得到条形统计图,如图9-8所示。

值得一提的是,统计图中的条形图和柱形图有很大的相同之处。可以说,在某种程度上条形图和柱形图的差别只在于分类X轴和Y轴交换了位置而已。例9-1的柱形图如图9-9所示。

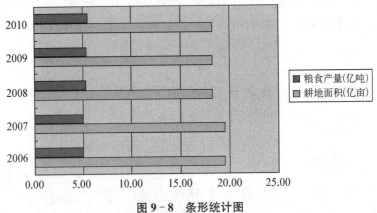

图9-8 条形统计图

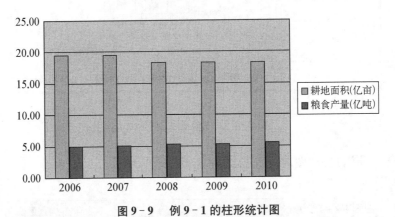

图9-9 例9-1的柱形统计图

2. 用Excel绘制饼图

例9-2：根据"添一味"快餐店的统计，该店顾客的平均消费水平分布如表9-4所示。根据资料，用Excel绘制饼图。

表9-4 "添一味"快餐店顾客平均消费水平分布情况

人均消费额(元)	比重(%)
10以下	8.2
10~15	16.3
15~20	30.6
20~25	26.5
25以上	18.4

（1）输入数据。

新建一个 Excel 工作表。打开 Excel 工作表的一个工作簿（Sheet1），将表 9-4 的数据从 A1 单元格开始输入，直至 B6 单元格输入完毕，如表 9-5 所示。

表 9-5 源数据

	A	B
1	人均消费额（元）	比重
2	10以下	8.20%
3	10～15	16.30%
4	15～20	30.60%
5	20～25	26.50%
6	25以上	18.40%

这里要特别注意，B2：B6 单元格的数据与表 9-4"比重（%）"列的数据不相同。表 9-4"比重（%）"列在具体数字后面没有加%，在纵栏标题处进行统一指明，目的是为了阅读方便。而 B2：B6 单元格的数据都用百分比表示，目的是使最终图形的表达不出错；如果没有"%"，读者会认为每个数据都是一个数值。

（2）调出"图表类型"对话框。

从菜单栏"插入——图表"路径（如图 9-2 所示）打开"图表类型"对话框，如图 9-3 所示。

（3）绘制饼图。

在图 9-3 所示"图表类型"对话框"标准类型"下面的"图表类型"中选择"饼图"。然后在子图表类型中选择一种类型，这里选用系统默认的方式。单击"下一步"按钮，打开"源数据"对话框，如图 9-4 所示。

在图 9-4"数据区域"后点击 按钮，在工作簿（Sheet1）数据区域点击"A1"单元格，按住鼠标左键不放，拖动到"B6"位置，再点击 按钮返回即可完成数据区域的输入。"系列产生在"选项根据实际情况选择，这里默认选择"列"。输入完成后的结果如图 9-10 所示。

单击"下一步"，在"图表选项"中，对"标题"、"图例"和"数据标志"适当处理。如果要对图形修改，可用鼠标双击图表，然后用鼠标双击需要修改的部分，并进行修改。

单击"下一步"，进入"图表位置"对话框，选项默认不变。单击"完成"，得到饼图如图 9-11 所示。

为了使图 9-11 更为美观和便于阅读，单击"比重"，点击鼠标右键，在弹出的选项中选择"清除"；单击圆形区域任一位置，点击鼠标右键，在弹出的选项中选择"数

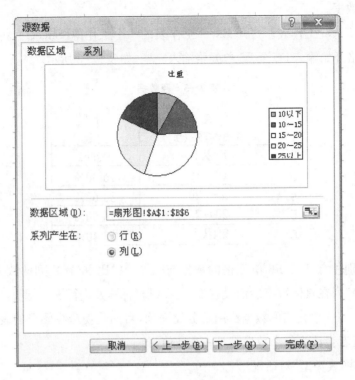

图 9-10 "数据区域"的输入

据系列格式",再单击"数据标志"选项卡,在"数据标签包括"下"值"前的方框内打钩,最后单击"确定";单击出现的任一数值,如 8.20%,点击鼠标右键,在弹出的选项中选择"数据标志格式",再单击"字体"选项卡,在"字号"下拉框中选择"10",再单击"数字"选项卡,在"小数位数"右边的方框中选择"1",最后单击"确定"。修正后的饼图如图 9-12 所示。

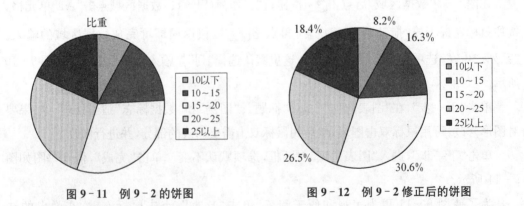

图 9-11 例 9-2 的饼图　　　　图 9-12 例 9-2 修正后的饼图

3. 用 Excel 绘制折线图

例9-3：2000—2010年我国居民消费价格指数（Consumer Price Index, CPI）涨跌幅如表9-6所示。根据资料，用 Excel 绘制折线图。

表9-6 2000—2010年全国居民消费价格涨跌幅   单位：%

	2000	2001	2002	2003	2004	2005	2006	2007	2008	2009	2010
CPI涨跌幅	0.4	0.7	−0.8	1.2	3.9	1.8	1.5	4.8	5.9	−0.7	3.3

（1）输入数据。

新建一个 Excel 工作表。打开 Excel 工作表的一个工作簿（Sheet1），将表9-6的数据从 A1 单元格开始输入，直至 L2 单元格输入完毕，如表9-7所示。

表9-7 源数据

	A	B	C	D	E	F	G	H	I	J	K	L
1		2000	2001	2002	2003	2004	2005	2006	2007	2008	2009	2010
2	CPI涨跌幅	0.4	0.7	-0.8	1.2	3.9	1.8	1.5	4.8	5.9	-0.7	3.3

（2）调出"图表类型"对话框。

从菜单栏"插入——图表"路径（如图9-2所示）打开"图表类型"对话框，如图9-3所示。

（3）绘制折线图。

在图9-3所示"图表类型"对话框"标准类型"下面的"图表类型"中选择"折线图"。然后在子图表类型中选择一种类型，这里选用系统默认的方式。单击"下一步"按钮，打开"源数据"对话框，如图9-4所示。

在图9-4"数据区域"后点击 按钮，在工作簿（Sheet1）数据区域点击"A1"单元格，按住鼠标左键不放，拖动到"L2"位置，再点击 按钮返回即可完成数据区域的输入。"系列产生在"选项根据实际情况选择，这里默认选择"行"。输入完成后的结果如图9-13所示。

单击"下一步"，在"图表选项"中，对"标题"、"图例"和"数据标志"适当处理。如果要对图形修改，可用鼠标双击图表，然后用鼠标双击需要修改的部分，并进行修改。

单击"下一步"，进入"图表位置"对话框，选项默认不变。单击"完成"，得到折线图，如图9-14所示。

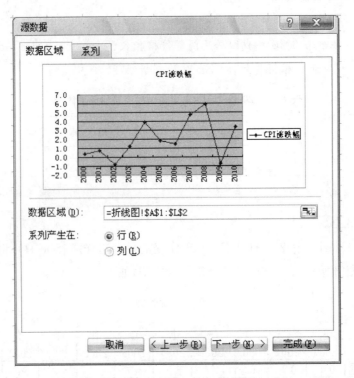

图9-13 "数据区域"的输入

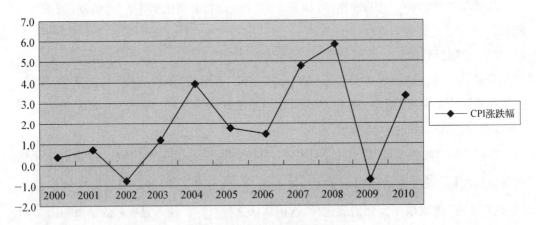

图9-14 例9-3的折线图

为了使图9-14更为美观和便于阅读,可以进行必要的修正。修正后的折线图如图9-15所示。

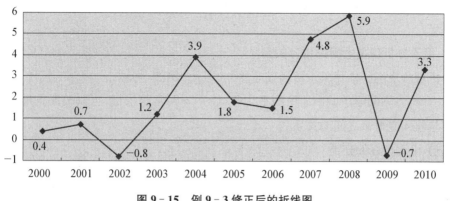

图 9‑15　例 9‑3 修正后的折线图

第二节　分布的集中趋势

一、描述分布集中趋势的主要指标及其分类

（一）平均指标的含义

描述分布集中趋势的主要指标是各类平均指标，或称统计平均数。平均指标概括地描述统计分布的一般水平或集中趋势。平均指标将总体各单位标志值的差异抽象化，它与各单位的标志值不一定相等，但又反映总体各单位标志值的一般水平或表明各单位标志值的集中趋势。

（二）平均指标的作用

在统计分析中，平均指标具有重要的作用，主要体现在以下几个方面：

1. 反映总体各单位变量分布的集中趋势和一般水平

大部分社会现象的总体各单位某一变量从小到大形成一定的分布，标志值很小或很大的单位比较少，而靠近平均数的单位数比较多，即标志值围绕平均数周围的单位数在总体单位数中占有最大的比重，这就显示了总体各单位向平均数集中的趋势，也表明了总体的一般水平。

2. 便于比较同类现象在不同单位间的发展水平

在说明不同企业的生产水平、经济效益或工作质量以及对不同投资项目的评估等许多场合都可广泛地应用平均指标。

3. 能够比较同类现象在不同时期的发展变化趋势或规律

社会经济现象的变化易受偶然因素和现象规模的影响。用平均指标来分析，既可以消除偶然因素的作用,又能避免受现象规模的影响,可以比较确切地反映总体现象变化的基本趋势。

4. 用于分析现象之间的依存关系

分析现象之间的依存关系常借助于平均指标。例如,将城市居民按照学历高低进行分组,并计算各不同学历城市居民的平均收入、平均财富等指标,可以较深入地分析学历的高低与收入或财富之间的关系。

(三) 平均指标的分类

根据各类平均指标代表意义和计算方式的不同,可将各类平均指标分为两类,即数值平均数和位置平均数。

1. 数值平均数

数值平均数是以统计数列的所有各项数据来计算的平均数,用以反映统计数列的所有各项数值的平均水平。数值平均数是由分布数列的所有变量数值来确定的,统计数列中任何一项数据的变动都会在一定程度上影响到数值平均数的计算结果。数值平均数包括算术平均数、调和平均数、几何平均数和幂平均数等。

2. 位置平均数

位置平均数是根据标志值的某一特定位置来确定的。位置平均数不是对统计数列中所有各项数据进行计算所得的结果,而是根据数列中处于特殊位置上的个别单位或部分单位的标志值来确定的。位置平均数有众数和中位数两种。

二、数值平均数

根据数值平均数在现实社会经济的使用情况,这里重点介绍算术平均数、几何平均数和调和平均数。

(一) 算术平均数

根据统计数据是未分组数据或是分组数据,算术平均数的计算有两种形式,即简单算术平均数和加权算术平均数。

1. 简单算术平均数

简单算术平均数适用于未分组的资料。简单算术平均数是用总体各单位标志值简单加总得到的标志总量除以总体单位总量而得。计算公式如下:

$$\bar{x} = \frac{x_1 + x_2 + \cdots + x_n}{n} = \frac{\sum_{i=1}^{n} x_i}{n}$$

式中,$\bar{x}$ 代表算术平均数,x_i 为各单位标志值,n 代表总体单位数。

例9-4:"添一味"快餐店对顾客的消费情况进行统计,随机抽取49个顾客的消费数据调查顾客的消费额,具体数据如表9-8所示。

表9-8 49个顾客的消费数据　　　　　　　　　　单位:元

5	14	16	21	25	8	15	17	22	25
11	16	18	22	27	14	16	20	24	33
8	14	16	22	25	14	16	20	24	12
16	18	22	27	10	16	18	22	26	14
16	20	24	28	9	16	18	22	26	

试计算"添一味"快餐店的顾客平均消费额。

解:上述顾客消费额数据是未分组数据,因此采用简单算术平均法求"添一味"快餐店的顾客平均消费额。具体计算过程如下:

$$\bar{x} = \frac{\sum_{i=1}^{n} x_i}{n} = \frac{5+14+\cdots+26}{49} = 18.5$$

因此,"添一味"快餐店的顾客平均消费额为18.5元。

2. 加权算术平均数

加权算术平均数适用于原始资料已经分组,并得出次数分布的场合。计算各组的标志总量时,必须先将各组标志值乘以相应的次数,求得各组的标志总量。加权算术平均数的计算公式为:

$$\bar{x} = \frac{x_1 f_1 + x_2 f_2 + \cdots + x_n f_n}{f_1 + f_2 + \cdots f_n} = \frac{\sum_{i=1}^{n} x_i f_i}{\sum_{i=1}^{n} f_i} = \sum_{i=1}^{n} x_i \frac{f_i}{\sum_{i=1}^{n} f_i}$$

式中,x_i为各组组中值,f_i为各组标志值出现的频数,$\dfrac{f_i}{\sum_{i=1}^{n} f_i}$为频率。

是非标志平均数的计算方法属于加权算术平均法[①]。例如,消费者按性别分为男、女

[①] 是非标志是指在社会经济统计中,有时把某种社会经济现象的全部总体单位,分为具有某一标志的单位和不具有某一标志的单位两组。

两组;学生的考试成绩分为合格和不合格两组;企业生产的产品分为合格和不合格两组等。在总体中,具有某种性质的单位占总体的比率为 p,不具有该种性质的单位占总体的比率为 q;以 1 作为具有某种性质的单位的标志值,以 0 作为不具有该种性质的单位的标志值。根据加权算术平均数的计算公式,是非标志的平均数为 p,即

$$\bar{x} = \sum_{i=1}^{n} x_i \frac{f_i}{\sum_{i=1}^{n} f_i} = 1 \times p + 0 \times q = p$$

p 也被称为总体中具有某种属性的单位成数,所以成数是一种特殊的平均数,为是非标志的平均数。

例 9-5:"添一味"快餐店对顾客的消费情况进行统计,随机抽取 49 个顾客的消费数据调查顾客的消费额,具体数据如表 9-9 所示。

表 9-9 "添一味"快餐店人均消费额的分布数列

人均消费额(元)	频数(f_i)	频率($f_i/\sum f_i$)
5~10	4	8.2%
10~15	8	16.3%
15~20	15	30.6%
20~25	13	26.5%
25 以上	9	18.4%
合计	49	100%

试计算"添一味"快餐店的顾客平均消费额。

解:上述顾客消费额数据属于分组数据,因此采用加权算术平均法求"添一味"快餐店的顾客平均消费额。具体计算过程如下①:

$$\bar{x} = \frac{\sum_{i=1}^{n} x_i f_i}{\sum_{i=1}^{n} f_i} = \frac{7.5 \times 4 + 12.5 \times 8 + 17.5 \times 15 + 22.5 \times 13 + 27.5 \times 9}{4 + 8 + 15 + 13 + 9} = 19.0$$

因此,"添一味"快餐店的顾客平均消费额为 19.0 元。

---

① 表 9-9 中"25 以上"这一组属于开口组。开口组的组中值等于该组下限加上该组的组距;这里等级分组的组距为 5,所以"25 以上"这组的组中值为 25+2.5=27.5。

3. 简单算术平均数与加权算术平均数比较

从上面的计算结果可以看到,用简单算术平均法计算的结果和加权算术平均法计算的结果是不同的。这是因为在计算加权算术平均数时运用的是组距式分组资料,以组中值来代替各组标志值的平均水平计算的,其前提条件是假定各标志值在组内均匀分布。由此可见,分组时应尽量使各组标志值在组内分布均匀,以避免出现误差。

当以简单算术平均数公式和以加权算术平均数公式计算的结果不一致时,以简单算术平均数公式计算的结果为准确值。

(二) 几何平均数

几何平均数是 n 项标志值连乘积的 n 次方根。几何平均数多用于计算平均比率和平均速度。如平均利率、平均发展速度、平均合格率等。根据统计数据各个标志值的次数是否相同,几何平均数的计算也分为简单几何平均数和加权几何平均数两种形式。

1. 简单几何平均数

简单几何平均数适用于统计数据各个标志值的次数相同的情况。简单几何平均数就是 n 个标志值 x_i 连乘积的 n 次方根。计算公式为:

$$G = \sqrt[n]{x_1 \cdot x_2 \cdots x_n} = \left(\prod x_i\right)^{\frac{1}{n}}$$

式中,G 表示几何平均数,x_i 表示各项标志值。

> 例 9-6:某产品的加工过程需要经过三道工序,已知在第一道工序加工的合格率为 99%,在第二道工序加工的合格率为 95%,在第三道工序加工的合格率为 90%。求该产品的最终合格率。
>
> 解:由于产品必须经过三道工序连续加工才能完成,第二道工序加工的是第一道工序完工的合格品,第三道工序加工的又是第二道工序完工的合格品;因此,产品的最终合格品率不是三道工序合格率的简单相加后平均,而应当用几何平均法求三道工序的平均加工合格率。上述产品加工合格率数据是各个标志值的次数相同的情况,因此采用简单几何平均法求该产品的最终合格率。
>
> $$G = \sqrt[n]{x_1 \cdot x_2 \cdots x_n} = \sqrt[3]{0.99 \times 0.95 \times 0.90} = 94.59\%$$
>
> 因此,该产品的最终合格率为 94.59%。

2. 加权几何平均数

当计算几何平均数的各个标志值的次数不相同时，应采用加权几何平均数。加权几何平均数是各标志值 f_i 次方的连乘积的 $\sum_{i=1}^{n} f_i$ 次方根，计算公式为：

$$G = \sqrt[\sum_{i=1}^{n} f_i]{x_1^{f_1} \cdot x_2^{f_2} \cdots x_n^{f_n}} = \left(\prod x_i^{f_i}\right)^{\frac{1}{\sum_{i=1}^{n} f_i}}$$

> 例 9-7：假定某银行储蓄年利率（按复利计算）：3.3% 持续 1.5 年，2.8% 持续 2.5 年，2.5% 持续 1 年。求此 5 年内该银行平均储蓄年利率。
>
> 解：采用加权几何平均法求 5 年内该银行平均储蓄年利率。
>
> $$G = \sqrt[\sum_{i=1}^{n} f_i]{x_1^{f_1} \cdot x_2^{f_2} \cdots x_n^{f_n}} = \sqrt[1.5+2.5+1]{1.033^{1.5} \times 1.028^{2.5} \times 1.025^{1}} = 102.89\%$$
>
> 因此，此 5 年内该银行平均储蓄年利率为 2.89%。

3. 几何平均数较与算术平均数比较

几何平均数较之算术平均数，应用范围较窄，它有如下特点：

（1）如果数列中有一个标志值等于零或负值，就无法计算几何平均数；

（2）几何平均数受极端值的影响一般较算术平均数小；

（3）几何平均数适用于反映特定现象的平均水平，即现象的总标志值不是各单位标志值的总和，而是各单位标志值的连乘积的情形。对于这类社会经济现象，不能采用算术平均数反映其一般水平，而须采用几何平均数。

（三）调和平均数

调和平均数是总体各单位标志值倒数的算术平均数的倒数，也称倒数平均数。调和平均数与算术平均数一样，有简单调和平均数和加权调和平均数两种。

1. 简单调和平均数

简单调和平均数是各个标志值 x_i 的倒数的算术平均数的倒数。简单调和平均数的应用场合是各标志值对应的标志总量为 1 个单位（或相等）。简单调和平均数计算公式如下：

$$H = \frac{1}{\frac{\frac{1}{x_1} + \frac{1}{x_2} + \cdots + \frac{1}{x_n}}{n}} = \frac{n}{\frac{1}{x_1} + \frac{1}{x_2} + \cdots + \frac{1}{x_n}} = \frac{n}{\sum_{i=1}^{n} \frac{1}{x_i}}$$

式中，H 代表调和平均数。

2. 加权调和平均数

在很多情况下，由于只掌握每组某个标志的数值总和而缺少总体单位数的资料，不能直接采用加权算术平均数法计算平均数，则应采用加权调和平均数①。加权调和平均数的计算公式如下：

$$H = \frac{m_1 + m_2 + \cdots m_n}{\frac{m_1}{x_1} + \frac{m_2}{x_2} + \cdots + \frac{m_n}{x_n}} = \frac{\sum_{i=1}^{n} m_i}{\sum_{i=1}^{n} \frac{m_i}{x_i}}$$

式中，m 表示各单位或各组的标志值对应的标志总量。

当各组标志总量相等，即 $m_1 = m_2 = \cdots = m_n$ 时，加权调和平均数可化简成为简单调和平均数形式，即

$$H = \frac{\sum_{i=1}^{n} m_i}{\sum_{i=1}^{n} \frac{m_i}{x_i}} = \frac{nm}{m \sum_{i=1}^{n} \frac{1}{x_i}} = \frac{n}{\sum_{i=1}^{n} \frac{1}{x_i}}$$

因此，简单调和平均数是加权调和平均数的特例。

例 9-8："添一味"快餐店对顾客的消费情况进行统计，顾客的消费额具体数据如表 9-10 所示：

表 9-10 "添一味"快餐店顾客消费额情况

消费等级	人均消费额(元)	消费总额(元)
1	7.5	30
2	12.5	100
3	17.5	262.5
4	22.5	292.5
5	27.5	247.5
合计	—	932.5

---

① 当各标志值对应的标志总量不为 1 个单位(或各组频数不相等)时，则要用加权调和平均数。

试计算"添一味"快餐店的顾客平均消费额。

解:"添一味"快餐店顾客的消费情况只有每组人均消费额的数值总和而缺少总体单位数的资料,因而采用加权调和平均法。

$$H = \frac{\sum_{i=1}^{n} m_i}{\sum_{i=1}^{n} \frac{m_i}{x_i}} = \frac{30+100+262.5+292.5+247.5}{\frac{30}{7.5}+\frac{100}{12.5}+\frac{262.5}{17.5}+\frac{292.5}{22.5}+\frac{247.5}{27.5}} = 19.0$$

因此,"添一味"快餐店的顾客平均消费额为 19.0 元。

3. 调和平均数和算术平均数的比较

比较加权调和平均数和例 9-5 用加权算术平均法计算的"添一味"快餐店顾客平均消费额发现,两者均为 19.0 元。在这里,加权调和平均数实际上是加权算术平均数的变形,即

$$H = \frac{\sum_{i=1}^{n} m_i}{\sum_{i=1}^{n} \frac{m_i}{x_i}} = \frac{\sum_{i=1}^{n} x_i f_i}{\sum_{i=1}^{n} \frac{x_i f_i}{x_i}} = \frac{\sum_{i=1}^{n} x_i f_i}{\sum_{i=1}^{n} f_i} = \bar{x}$$

三、位置平均数

(一) 众数

1. 众数的含义

众数(Mode)是指统计总体或分布数列中出现的频数最多、频率最高的标志值。众数一般用符号 M_o 表示[①]。在分布曲线图上,众数就是曲线的最高峰所对应的标志值,如图 9-16 所示。

众数具有非常直观的代表性。可利用众数来表明社会现象的一般水平,也可以用它来作为某些市场决策的参考依据。例如,为了掌握快餐店顾客的消费水平,不一定要全面记录该快餐店每一位顾客每次的消费额,只要调查其最普遍的

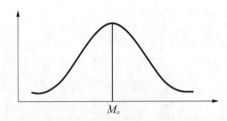

图 9-16 分布曲线图上众数的位置

[①] 当然,如果一个分布数列没有明显的集中趋势,就不存在众数。

消费额即可。

用众数代表一组数据,可靠性较差;不过,众数不受极端数据的影响,并且求法简便。

2. 确定众数的方法

要确定众数,必须先对资料进行整理,编制分布数列。由于分组有单项式分组和组距式分组,而组距式分组又有等距分组和不等距分组之分,因而各种不同的资料条件确定众数的方法又有所不同。

(1) 单项式分布数列确定众数。

单项式分布数列确定众数比较简单,出现次数最多的标志值就是众数。

> 例9-9:"添一味"快餐店顾客消费水平如表9-11所示。求"添一味"快餐店顾客消费额的众数。
>
> **表9-11 "添一味"快餐店顾客消费额情况**
>
> | 消费额(元) | 7.5 | 12.5 | 17.5 | 22.5 | 27.5 | 合计 |
> |---|---|---|---|---|---|---|
> | 人数 | 4 | 8 | 15 | 13 | 9 | 49 |
>
> 解:表9-11中,顾客消费额为17.5元的次数最多,在49个顾客中,有15个顾客集中在这一组,所以17.5就是众数。

(2) 组距式分布数列确定众数。

组距式分布数列确定众数较为负责。首先应确定众数组,然后再通过一定的公式计算众数的近似值。在等距分组条件下,众数组就是次数最多的那一组;在异距分组条件下,众数组则是频数密度或频率密度最高的那一组。众数值是依据众数组的次数与众数组相邻的两组次数的关系来近似计算的。

(二) 中位数

1. 中位数的含义

中位数(Median)是将总体各个单位按其标志值的大小顺序排列,处于数列位次中点单位的标志值。中位数一般用符号 M_e 表示。

中位数将数据分成两部分:一部分大于中位数,另一部分小于中位数。如果数列出现极端值,常用中位数来代表总体标志值的一般水平,以避免数列的平均水平受极端值的影响。

在物价涨幅攀升的时候,适当提高企业退休人员养老金标准以及在职职工的工资,有利于保障他们的基本生活,并逐步提高生活质量。但是,只提供一个"平均数"让人心里总是有点不大踏实。一个平均数会掩盖很多的问题。网络流传一首打油诗:"张村有个张千万,隔壁九个穷光蛋,平均起来算一算,人人都是张百万。"对于这样的问题,不是"平均数"的错,也不是统计学的错,统计学中有现成的解决办法,就是计算中位数。所谓中位数,以一个51人的企业为例,把所有人员年收入从大到小排列,正中间那位(即第26位)的年收入就是这家企业年收入的中位数。打油诗里的"张村"个人财产中位数就是"零"。这个时候平均数不能说明的问题,中位数就能说清楚了。

2. 确定中位数的方法

统计数据性质的不同,中位数的确定方法也不同。这里只介绍未分组资料确定中位数的方法。

(1) 数据排序。

首先对原始数据排序(从小到大),然后计算中位数的序号,分数据个数 n 为奇数与偶数两种来求。

(2) 确定中位数。

如果数据个数 n 是奇数的话,按从小到大的顺序,序列中间的那个数即为中位数;如果数据个数 n 是偶数的话,按从小到大的顺序,取序列中间那两个数的平均数为中位数,如下列公式所示。

$$M_e = \begin{cases} x_{\frac{n+1}{2}} & \text{当 } n \text{ 为奇数} \\ \dfrac{x_{\frac{n}{2}} + x_{\frac{n}{2}+1}}{2} & \text{当 } n \text{ 为偶数} \end{cases}$$

例9-10:以例9-4的数据为例,计算"添一味"快餐店顾客消费额的中位数。

解:首先对例9-4的数据进行排序,结果如表9-12所示。

表9-12 排序后的"添一味"快餐店顾客消费额　　　　单位:元

序号	消费额	序号	消费额	序号	消费额	序号	消费额	序号	消费额	序号	消费额	序号	消费额
1	5	8	14	15	16	22	16	29	20	36	22	43	25
2	8	9	14	16	16	23	17	30	20	37	22	44	26
3	8	10	14	17	16	24	18	31	21	38	24	45	26
4	9	11	14	18	16	25	18	32	22	39	24	46	27
5	10	12	14	19	16	26	18	33	22	40	24	47	27
6	11	13	15	20	16	27	18	34	22	41	25	48	28
7	12	14	16	21	16	28	20	35	22	42	25	49	33

> 由于"添一味"快餐店顾客消费额数据为奇数(49),那么"添一味"快餐店顾客消费额中位数的序号为25。因此"添一味"快餐店顾客消费额的中位数为18。

(三) 众数、中位数和算术平均数的关系

1. 众数、中位数和算术平均数的区别

(1) 三者的含义不相同。

由三者的定义知,三者的含义、特点和代表的意义是不同的。

(2) 三者的计算(确定)方法不同。

众数和中位数是由所处的特殊位置确定的,而算术平均数是由数列所有变量值计算的。

(3) 对资料的要求不同。

三者对数据的量化尺度要求不同,算术平均数要求最高,它只适用于定距尺度和定比尺度的数据;中位数次之,它还适用于定序尺度的数据;众数对数据的计量尺度没有严格的限制。除上述的三种计量尺度外,众数甚至还适用于定类尺度的数据。

(4) 对数据的"灵敏度"、"抗耐性"和"概括能力"不同。

算术平均数对数据的"灵敏度"要求最高,其次是众数和中位数;算术平均数对数据的"概括能力"比众数、中位数强;算术平均数易受数列中极端值的影响,中位数次之,众数几乎不受极端值的影响。

2. 众数、中位数和算术平均数的联系

(1) 三者都是描述分布集中趋势的指标。

众数、中位数和算术平均数都是用于反映总体的一般水平或分布的集中趋势的代表值。

(2) 三者存在一定的数量关系。

众数、中位数和算术平均数彼此间存在着一定的数量关系。在对称的正态分布条件下(如图9-17所示),$\bar{x} = M_e = M_o$。在非对称分布的情况下,众数、中位数和算术平均数三者的差别取决于分布的偏斜程度:分布偏斜的程度越大,它们之间的差别就越大。当次数分布呈右偏(正偏)(如图9-18所示)时,算术平均数受极大值的影响,$\bar{x} > M_e > M_o$;当次数分布呈左偏(负偏)(如图9-19所示)时,算术平均数受极小值的影响,有$M_o > M_e > \bar{x}$。中位数总是介于众数和算术平均数之间。

英国统计学家皮尔生研究得到,在存在轻微偏斜的情况下,众数、中位数和算术平均数数量关系的经验公式为:算术平均数和众数的距离约等于算术平均数与中位数距离的

三倍,即

$$\bar{x} - M_o \approx 3(\bar{x} - M_e)$$

利用这个关系式,可以从已知的两个平均指标推算另一个平均指标。

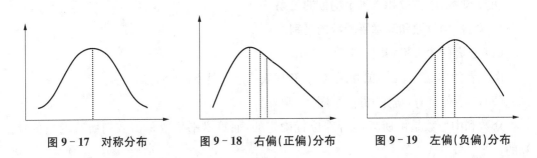

图 9-17 对称分布　　图 9-18 右偏(正偏)分布　　图 9-19 左偏(负偏)分布

第三节　分布的离中趋势

一、描述分布离中趋势的主要变异指标及其作用

(一) 变异指标的含义

统计变异指标是概括地反映总体中各单位的离中趋势或变异状况的指标。变异指标显示总体中变量数值分布的离散趋势,与描述统计集中趋势平均指标的作用相辅相成,是说明总体特征的另一个重要指标。

由于分布的离散程度可以从不同角度、用不同方法去考察,故描述分布离中趋势的变异指标有多种。常见的变异指标有极差、四分位差、标准差、方差和变异系数。

(二) 变异指标的作用

在统计分析中,变异指标和平均指标是互相补充、相互结合加以运用的。变异指标的作用主要有以下几方面:

1. 反映总体各单位标志值分布的离中趋势

这是变异指标的基本作用。变异指标值越大,表明总体各单位标志值的变异程度越大。

2. 用于衡量平均指标的代表性

平均指标作为总体数量标志的代表值,其代表性取决于总体各单位标志值的差异程度。总体各单位标志值的变异程度越大,平均指标的代表性就越小;总体各单位标志值变异程度越小,平均指标的代表性就越大。

> 例9-11:现有三个可选择的投资项目,每个项目过去三年的收益如表9-13所示。一名理性的投资者应该选择哪个投资项目?
>
> 表9-13 可选择投资项目的收益　　　　　　　　　　单位:万元
>
> | 年份 | 项目A | 项目B | 项目C |
> | --- | --- | --- | --- |
> | 2010年 | 900 | 200 | 2 100 |
> | 2011年 | 1 500 | 2 900 | 1 200 |
> | 2012年 | 1 200 | 500 | 300 |
>
> 观察待投资项目A、B和C,三者的年平均收益都是1 200万元。但三个项目收益的变动情况不同,A的收益变动最小,C次之,B的收益变动最大。因而,1 200万元的平均收益对于三个企业的代表性是不同的。A的代表性最大,因而一名理性的投资者应该选择A项目投资①。

二、常用的变异指标

(一) 极差

极差(Range)是指总体各单位的标志值中,最大标志值与最小标志值之差,用R表示。极差是标志值变动的最大范围。极差也被称为全距或范围误差,它是测定标志变动的最简单的指标。极差的计算公式为:

$$R = x_{\max} - x_{\min}$$

极差的优点是计算简便、直观、容易理解。不足之处是它只以两个极端的标志值计算,而不考虑总体内部的分布状况,不能充分利用数列的全部信息,因此,它无法反映标志值变动的一般程度。

> 例9-12:根据例9-10中表9-12的数据计算"添一味"快餐店顾客消费额的极差。
> 解:$R = x_{\max} - x_{\min} = 33 - 5 = 28$
> 因此,"添一味"快餐店顾客消费额的极差为28。

---

① 如果投资者是风险偏好的,他选择项目B投资的可能性更大。

(二) 四分位差

四分位差(Quartile Deviation)是上四分位数①(Q_L)与下四分位数(Q_U)之差,通常用 Q_d 表示。四分位差也被称为内距或四分间距(Inter-quartile Range)。四分位差的计算公式为:

$$Q_d = |Q_L - Q_U|$$

四分位差反映了中间50%数据的离散程度,其数值越小,说明中间的数据越集中;其数值越大,说明中间的数据越分散。此外,由于中位数处于数据的中间位置,因此,四分位差的大小在一定程度上也说明了中位数对一组数据的代表程度。

四分位差剔除了变量数列中最大和最小各1/4的单位,因而四分位差避免了极差受数列中极端值的影响的弱点。可以说四分位差是对极差指标的一种改进。同样地,它和极差的计算方法一样,也是只由两个标志值确定,不能充分利用数列的全部信息。因此,四分位差也无法反映标志值变动的一般程度。

> 例9-13:根据例9-10中表9-12的数据计算"添一味"快餐店顾客消费额的四分位差。
>
> 解:首先,确定表9-12中"添一味"快餐店顾客消费额的四分位数。由例9-10知,消费额的中位数是序号25对应的值18,那么 Q_L 是序号13对应的值15,Q_U 是序号37对应的值22。
>
> 最后,根据四分位差的公式得到 $Q_d = |Q_L - Q_U| = 22 - 15 = 7$。
>
> 因此,"添一味"快餐店顾客消费额的四分位差为7。

(三) 方差与标准差

方差与标准差是测定标志变异程度最常用的指标。由于方差与标准差利用了 $\sum_{i=1}^{n}(x_i - \bar{x})^2 = \min$ (变量对算术平均数的方差小于对任意常数的方差)的数学性质,因此方差与标准差是测定标志变异程度最灵敏的指标。

1. 方差

方差(Variance)是各个数据与平均数之差的平方的平均数,通常用 σ^2 表示。在许多实际问题中,研究随机变量和均值之间的偏离程度有着很重要的意义。方差的计算公式为:

---

① 四分位数是将一组数据由小到大(或由大到小)排序后,用3个点将全部数据分为4等份,与这3个点位置上相对应的数值被称为四分位数。

$$\sigma^2 = \frac{\sum_{i=1}^{n}(x_i - \bar{x})^2}{n}$$

> 例 9-14：根据例 9-10 中表 9-12 的数据计算"添一味"快餐店顾客消费额的方差。
>
> 解：由例 9-4 知，"添一味"快餐店顾客消费额的均值为 18.5，将顾客消费额数据带入方差的公式计算得：
>
> $$\sigma^2 = \frac{\sum_{i=1}^{n}(x_i - \bar{x})^2}{n} = \frac{\sum_{i=1}^{49}(x_i - 18.5)^2}{49} = 35.4$$
>
> 因此，"添一味"快餐店顾客消费额的方差为 35.4。
>
> 用方差来分析例 9-11，项目 A 的方差为 90 000，项目 B 的方差为 2 190 000，项目 C 的方差为 810 000。因而，理性的投资者应该选择 A 项目投资。

2. 标准差

标准差（Standard Deviation）是方差的平方根，通常用 σ 表示。标准差也称均方差（Mean Square Error）。标准差是一组数值自平均值分散开来程度的一种测量观念。一个较大的标准差表示大部分的数值和其平均值之间差异较大；一个较小的标准差表示这些数值较接近平均值。标准差的计算公式为：

$$\sigma = \sqrt{\frac{\sum_{i=1}^{n}(x_i - \bar{x})^2}{n}}$$

标准差已广泛运用在股票以及共同基金投资风险的衡量上，主要是根据基金净值在一段时间内的波动情况计算而来。一般而言，标准差越大，表示净值的涨跌较剧烈，风险程度也较大。

> 例 9-15：根据例 9-10 中表 9-12 的数据计算"添一味"快餐店顾客消费额的标准差。
>
> 解：由例 9-4 知，"添一味"快餐店顾客消费额的均值为 18.5，将顾客消费额数据带入标准差的公式计算得：

$$\sigma = \sqrt{\frac{\sum_{i=1}^{n}(x_i - \bar{x})^2}{n}} = \sqrt{\frac{\sum_{i=1}^{49}(x_i - 18.5)^2}{49}} = 5.9$$

因此,"添一味"快餐店顾客消费额的标准差为 5.9。

3. 是非标志的方差与标准差

是非标志属于分组数据。这里首先介绍分组数据方差的计算公式:

$$\sigma^2 = \frac{\sum_{i=1}^{n}(x_i - \bar{x})^2 f_i}{\sum_{i=1}^{n} f_i}$$

上式中,x_i 为是非标志的取值,分别取 0 和 1;$\bar{x}$ 为是非标志的均值,由前面的知识得到 $\bar{x} = p$;f_i 为是非标志取值为 0 和 1 的频次,则 x_i 分别取 0 和 1 时,$f_i / \sum_{i=1}^{n} f_i$ 分别取 p 和 q,$p + q = 1$。因而,是非标志的方差为:

$$\sigma^2 = \frac{\sum_{i=1}^{n}(x_i - \bar{x})^2 f_i}{\sum_{i=1}^{n} f_i} = (1-p)^2 p + (0-p)^2 q$$

$$= q^2 p + p^2 q = pq(p+q)$$

$$= pq$$

$$= p(1-p)$$

所以,是非标志的标准差为:

$$\sigma = \sqrt{p(1-p)}$$

例 9-16:已知某产品的合格率为 95%,求其合格率的方差和标准差。

解:$\sigma^2 = p(1-p) = 95\% \times 5\% = 4.75\%$

$\sigma = \sqrt{p(1-p)} = \sqrt{4.75\%} = 21.79\%$

因此,产品合格率的方差和标准差分别为 4.75% 和 21.79%。

当 $p = q = 0.5$ 时,是非标志的方差达到最大可能值,即 25%。

(四) 变异系数

极差、四分位差、方差和标准差等各种变异指标,都与它们相应的平均指标有着相同的计量单位。这些变异指标的大小不仅取决于总体的变异程度,而且还与标志值绝对水平的高低、计量单位的不同有关。所以,不宜直接用上述的变异指标对不同水平、不同计量单位的现象进行比较,应当先做无量纲化处理后再比较。对上述变异指标进行无量纲化处理,就是将上述变异指标除以它们相应的平均数。

变异系数(Coefficient of Variation)是各变异指标与其算术平均数的比值,一般用 C.V 表示。变异系数又称离散系数或标准差率,是衡量资料中各观测值变异程度的另一个统计量。变异系数可以消除单位和(或)平均数不同对两个或多个资料变异程度比较的影响。变异系数的计算公式为:

$$C.V = \frac{S}{\bar{x}} \times 100\%$$

上式中,S 为变异指标,$\bar{x}$ 为各变异指标对应的算术平均数。

例如,将极差除以其平均数,得到极差系数;将标准差除以其平均数,得到标准差系数。最常用的变异系数是标准差系数。

例9-17:某班有男子篮球队和女子篮球队队员各5人。男队5名球员的体重分别为70、69、66、66和65千克;女队5名球员的体重分别为50、49、48、48和45千克。试比较哪个队的队员体重更均匀。

解:

对于男球员:

$$\bar{x}_{男} = 67.2, \sigma_{男} = \sqrt{\frac{\sum_{i=1}^{n}(x_i - \bar{x})^2}{n}} = 2.17,$$

$$C.V_{男} = \frac{\sigma_{男}}{\bar{x}_{男}} = \frac{2.17}{67.2} \times 100\% = 3.23\%;$$

对于女球员:

$$\bar{x}_{女} = 48, \sigma_{女} = \sqrt{\frac{\sum_{i=1}^{n}(x_i - \bar{x})^2}{n}} = 1.87,$$

$$C.V_\text{女} = \frac{\sigma_\text{女}}{\bar{x}_\text{女}} = \frac{1.87}{48} \times 100\% = 3.90\%。$$

从标准差看,男队体重的标准差比女队的大,但男队的体重平均水平比女队高,所以不能直接根据标准差来判断哪个队队员的体重更均匀,必须以标准差系数来判断。根据标准差系数的计算结果,男队的标准差系数比女队的标准差系数更小。

因此,男队队员的体重更为均匀。

第四节 Excel 在统计描述中的运用

一、目的原理

通过 Excel "数据分析"中"描述统计"功能对原始调查数据进行集中趋势分析和离中趋势分析。

二、实验对象与用品

Excel 2003 完全安装版。

三、方法步骤

本节沿用"添一味"快餐店对顾客消费情况统计的源数据。随机抽取 49 个顾客的消费数据调查顾客的消费额,具体数据如表 9-14 所示。

表 9-14　49 个顾客的消费数据　　　　　　　　　　单位:元

5	14	16	21	25	8	15	17	22	25
11	16	18	22	27	14	16	20	24	33
8	14	16	22	25	14	16	20	24	12
16	18	22	27	10	16	18	22	26	14
16	20	24	28	9	16	18	22	26	

要求：计算"添一味"快餐店顾客消费额的平均值、众数、中位数、极差(最大值和最小值)、方差和标准差。

一般来说，在 Excel 中求这些统计量，可直接用 Excel 自带的函数计算，也可以用 Excel 的"数据分析"工具。下面分别作介绍。

(一) 运用 Excel 自带的函数

运用 Excel 2003 自带函数完成上述要求的主要步骤如下：

1. 输入数据

(1) 新建一个 Excel 工作表。打开 Excel 工作表的一个工作簿(Sheet1)，第 1 行为标志行，在 A1 单元格输入 A 列的标志"顾客消费额"。将表格中的数据复制到 Excel 工作簿中，并将所有数据从 A2 单元格开始全部放在 A 列，然后将数据按升序排列。

(2) 在 B1 单元格输入"平均数"，C1 单元格输入"众数"，D1 单元格输入"中位数"，E1 单元格输入"最大值"，F1 单元格输入"最小值"，G1 单元格输入"方差"，H1 单元格输入"标准差"备用。

在 Excel 中完成上述操作后的效果如表 9-15 所示。

表 9-15 数据输入

	A	B	C	D	E	F	G	H
1	顾客消费额	平均数	众数	中位数	最大值	最小值	方差	标准差
2	5							
3	8							

2. 计算各统计量

(1) 平均数。

单击 B2 单元格，输入"=AVERAGE(A2：A50)"，回车后得平均数为 18.5。

(2) 众数。

单击 C2 单元格，输入"=MODE(A2：A50)"，回车后得众数为 16。

(3) 中位数。

单击 D2 单元格，输入"=MEDIAN(A2：A50)"，回车后得中位数为 18。

(4) 最大值。

单击 E2 单元格，输入"=MAX(A2：A50)"，回车后得最大值为 33。

(5) 最小值。

单击 F2 单元格，输入"=MIN(A2：A50)"，回车后得最小值为 5。

由(4)和(5)得样本的极差为 33－5＝28。

(6) 方差。

单击 G2 单元格，输入"=VAR(A2：A50)"，回车后得方差为 35.4。

(7) 标准差。

单击 H2 单元格,输入"=STDEV(A2：A50)",回车后得标准差为 5.9。

各统计量的计算结果如表 9-16 所示。

表 9-16 函数计算的各统计量

A		A	B	C		G	H
1 顾客消	1	组限	频数	向上累计频率	值	方差	标准差
2 5	2	9.99	4	8.16%	5	35.4	5.9

(二) 运用 Excel 的"数据分析"工具

一个一个统计量分别计算,一方面,显得比较麻烦;另一方面,对于那些不熟悉 Excel 函数的操作者来说显得特别困难。那么,有没有一个方便的方法,可以一次性求出所有统计量呢?

有!通过 Excel"数据分析"工具的"描述统计"模块可以满足以上要求。

运用 Excel 2003 的"数据分析"工具完成上述要求的主要步骤如下:

1. 输入数据

这里沿用"(一)运用 Excel 自带的函数"过程在 Sheet1 中已经输入好的数据。

2. 调出"描述统计"对话框

从菜单栏"工具——数据分析"路径打开"数据分析"对话框,如图 9-20 所示;选择"描述统计"分析工具,如图 9-21 所示。

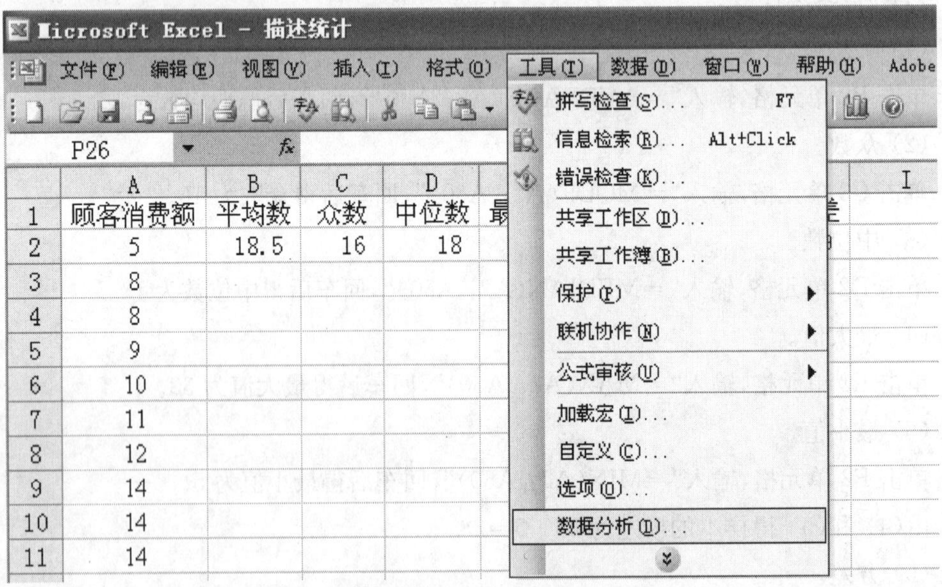

图 9-20 打开"数据分析"菜单的路径

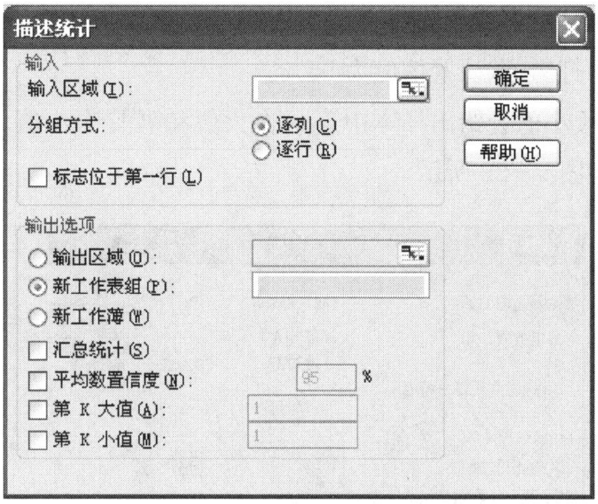

图 9-21 "描述统计"对话框

注意：(1) 在"工具"菜单下可能没有"数据分析"选项。这时则需要执行"工具——加载宏"，从"加载宏"对话框中选择"分析工具库"，点击确定后再执行"工具——数据分析"路径打开"数据分析"对话框。(2) 执行"工具——加载宏"时提醒"放入安装光盘"。这时较好的解决方案是卸载现有的 Office 软件，重新安装，且在安装时选择"完全安装"选项。安装完毕后再执行"加载宏"操作。

图 9-21 中相应模块的功能和操作具体为：

- 输入区域：在此输入待分析数据区域的单元格范围。本例输入区域为"＄A＄1：＄A＄50"。

注意：为了防止输入错误，最好选择直接引用功能。即点击 按钮，在数据区域点击 A1 单元格，按住鼠标左键不放，拖动到 A50 位置，再点击 按钮返回即可完成输入区域的输入。

- 分组方式：数据的排列方式。本例中"顾客消费额"的数据是以"列"排列的，所以选择 逐列(C) 。

- 标志位于第一行：如果输入区域的第一行或第一列中包含标志项，则选中此复选框；如果输入区域没有标志项，则清除此复选框，Excel 将在输出表中生成适宜的数据标志。本例中第一行代表数据的标志，不是真正分析的数据，所以应当在"标志位于第一行"前打钩。

- 输出选项：一般选择"新工作表组"。这里为了将"数据分析"工具得到的结果和 Excel 函数得到的结果作比较，选择从 J1 单元格开始输出分析结果。点击"输出选项"后面的 按钮，在数据区域点击 J1 单元格，再点击 按钮返回即可完成输出区域的输入。

- 汇总统计：选择此复选框才能得到各统计量的计算结果，所以应当在"汇总统计"前打钩。

- 平均数置信度：选择此复选框会给出用样本平均数估计总体平均数的置信区间。在"平均数置信度"前打钩，默认置信度为95％。

第 K 大值和第 K 小值会给出样本中第 K 个大值和第 K 个小值。这里不作选择。

最终选定结果如图 9-22 所示。

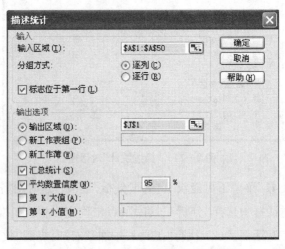

图 9-22 选定后的"描述统计"对话框

最后，单击"确定"按钮。得到的结果如表 9-17 所示。

表 9-17 "描述统计"分析结果

		顾客消费额	
		A	B
	1	组限	频数
平	2	9.99	4
标	3	14.99	8
中	4	19.99	15
众	5	24.99	13
标	6	35	9
方			
峰度			-0.24374
偏度			-0.01637
区域			28
最小值			5
最大值			33
求和			908
观测数			49
置信度(95.0%)			1.708478

3. 结果分析

从表 9-17 所示的分析结果可以方便地得到样本的各统计量：平均数为 18.5，众数为 16，中位数为 18，最大值为 33，最小值为 5，极差为 28，方差为 35.4，标准差为 5.9。将"数据分析"工具得到的结果与运用 Excel 自带的函数得到的结果相比较，可以看出两种方法计算的各统计量结果均相同。

另外，表 9-17 中的一些指标没有用到。这里作简单介绍：

(1) 标准误差。

标准误差指样本平均数的标准差；根据大数定理和中心极限定理，标准误差的公式为：

$$\sigma_{\bar{x}} = \frac{\sigma}{\sqrt{n}}$$

本例中，$\sigma = 5.948$，$n = 49$，所以，$\sigma_{\bar{x}} = \sigma/\sqrt{n} = 0.850$，与"数据分析"工具得到的结果一致。

(2) 峰度和偏度。

峰度即峰度系数，偏度即偏度系数。

(3) 区域。

区域实际上是极差，也称全距。

(4) 求和。

求和是所有样本的和。

(5) 观察数。

观察数是样本的个数。

(6) 置信度。

置信度(95.0%)是说在置信度为 95% 的概率下，样本平均数区间估计的极限误差。

这里，结合区间估计的知识就可以回答第八章开篇案例的问题，即如何有针对性地对"添一味"快餐店的套餐进行定价。

对"添一味"快餐店的套餐进行定价，实质上就是根据过去快餐店顾客的消费数据对顾客平均消费额的区间估计。

区间估计的公式为：

$$\hat{u} = [\bar{x} - \Delta, \bar{x} + \Delta]$$

式中，$\hat{u}$ 为平均数的估计，$\bar{x}$ 为样本的均值，Δ 为样本平均数区间估计的极限误差。

代入表 9-17 中 $\bar{x}$ 和 Δ 的结果，$\hat{u} = [18.5 - 1.7, 18.5 + 1.7] = [16.8, 20.2]$。

因而,在95%的概率保证下,"添一味"快餐店顾客消费额的置信下限为16.8,置信上限为20.2。"添一味"快餐店的套餐定价在这个价格区间是最为合理的。

本 章 小 结

统计表、统计图、分布的集中趋势和离中趋势是对调查数据进行统计描述的最重要形式。统计表和统计图的结构和设计方面要注意"上下加粗,左右开口",特别注意统计表表头和统计图图示的区别。描述分布集中趋势的指标包括数值平均数和位置平均数两类;主要的数值平均数有算数平均数、几何平均数和调和平均数;位置平均数有众数和中位数。描述分布离中趋势的指标主要有极差、四分位差、方差、标准差和变异系数。利用Excel不但可以方便地绘制各种统计图和统计表,还可以利用Excel"分析工具库"宏功能中的"描述统计"分析工具简单快捷地计算海量数据的各类集中趋势和离中趋势指标。

1. 在绘制统计表和统计图时有哪些主要注意事项?
2. 数值平均数和位置平均数对数据各有什么要求?
3. 为什么需要变异系数?

第十章 相关分析与回归分析

开篇案例

消费者应该留下多少小费?

在西方国家,餐饮等服务行业有一条不成文的规定,即发生餐饮等服务项目消费时,必须给服务员一定数额的小费。一个地方西化的程度越高,你就越有可能需要给小费。

很多人的梦想是周游世界。而对于每一位旅行者来说,知道在每一个国家是否该给以及给多少小费并不容易。当你到一家餐厅就餐,服务生提前接受你的预定,为你保留餐桌,热心为你点菜,细心为你服务;当你到一家酒店,行李员把你的行李搬到房间,向你解释如何收看CNN,告诉你怎么开灯,怎么把空调调好;这种情景下你可能一直在反复思考着一件事:"我到底该给这家伙多少小费?"最终,你只能近乎绝望地把几张钞票塞进他手里,心中暗暗希望你给的小费不多也不少。

通过调查,在纽约、曼谷、马尼拉和香港等国际性酒店,小费应该是账单的10%~15%,是否真的如此呢?让我们来考察表10-1,通过对这几组数据的分析与观察,我们可以判断账单金额与小费之间的数量关系。

表 10-1 账单金额与小费的成对数据   单位:美元

账单金额	33.5	50.7	87.9	98.8	63.6	107.3	120.7	78.5	102.3	140.6
小费	5.5	5	8.1	17	12	16	18.6	9.4	15.4	22.4

数据来源:中南财经政法大学《统计学》教案。

问题:

1. 账单金额与小费之间是否存在关系?
2. 如果账单金额与消费之间存在某种关系,怎样使用这种关系来确定应该留下多少小费?

第一节 现象间的相互关系

客观现象总是普遍联系和相互依存的。客观现象之间的相互关系有两种典型形式：一种是函数关系；另一种是相关关系。

一、函数关系与相关关系

(一) 函数关系

现象之间存在着严格的依存关系，即当一个或几个变量取一定的值时，另一个变量有确定值与之相对应，这种关系被称为确定性的函数关系，如图10-1所示。

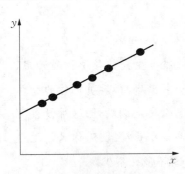

图10-1 函数关系

函数关系可表示为 $y = f(x)$，其中 y 是因变量，x 是自变量，一般把作为影响因素的变量称为自变量，把发生对应变化的变量称为因变量。例如，当价格 p 固定下来时，某种商品的销售收入 y 与该商品的销售量 x 之间的关系可用 $y = px$ 表示，这就是一种函数关系。又比如，企业的原材料消耗额 y 与产量 x_1、单位产量消耗 x_2 和原材料价格 x_3 之间的关系可表示为 $y = x_1 x_2 x_3$，这也是一种函数关系。

(二) 相关关系

1. 相关关系的概念

反映现象之间确实存在的且关系数值不固定的相互依存关系，即当一个或几个相互联系的变量取一定数值时，与之相对应的另一变量的值虽然不确定，但它仍按某种规律在一定的范围内变化，这种关系被称为不确定性的相关关系，如图10-2所示。

相关关系可表示为 $y = f(x, \varepsilon)$，其中 y 是因变量，x 是自变量，ε 为随机变量。例如，商品的消费量 y 与居民收入 x 之间的关系、收入水平 y 与受教育程度 x 之间的关系、父亲身高 y 与子女身高 x 之间的关系等都是典型的函数关系。

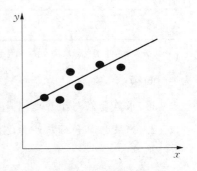

图10-2 相关关系

2. 相关关系的种类

客观现象的相关关系可以按不同的标志加以分类。

(1) 按相关涉及变量多少划分。

按相关涉及变量多少可划分为单相关、复相关和偏相关。两个变量之间的相关称为单相关。当所研究的是一个变量(y)对两个或两个以上其他变量(x_1,x_2,$\cdots$,x_n)的相关关系时称为复相关。在某一现象与多种现象相关的场合,假定其他变量不变,专门考察其中两个变量的相关关系称为偏相关。例如,某种商品的需求与其价格水平以及消费者收入水平之间的相关关系便是一种复相关。在假定消费者收入水平不变的条件下,商品的需求与其价格水平的关系就是一种偏相关。

(2) 按相关形式划分。

按相关形式可划分为线性相关和非线性相关。当两种相关现象之间的关系大致为线性关系时称为线性相关。例如,人均消费水平与人均收入水平通常呈线性关系。如果两种相关现象之间并不表现为直线的关系,而是近似于某种曲线方程的关系,则这种相关关系称为非线性相关。例如,产品的效用与产品消费量就是一种非线性相关。

(3) 按相关方向划分。

按相关方向可划分为正相关和负相关。当一个现象的数量增加(或减少),另一个现象的数量也随之增加(或减少)时,称为正相关。例如,人均消费水平随人均收入的增加而提高。当一个现象的数量增加(或减少),而另一个现象的数量却减少(或增加)时,称为负相关。例如,企业的生产规模越大,平均生产成本却越低。

(4) 按相关程度划分。

按相关程度可划分为完全相关、不完全相关和不相关。当一种现象的数量变化完全由另一个现象的数量变化所确定时,称这两种现象间的关系为完全相关。例如,在价格不变的条件下,某种商品的销售收入与商品销售量总是呈正比例关系。在这种场合,相关关系便成为函数关系。因此,也可以说函数关系是相关关系的一个特例。当两个现象彼此互不影响,其数量变化各自独立时,称为不相关现象。例如,猪肉价格的高低与大学生素质的高低是不相关的。两个现象之间的关系介于完全相关和不相关之间,称为不完全相关。一般提到相关关系指的是不完全相关。

二、函数关系和相关关系的联系

变量之间的函数关系和相关关系,在一定条件下是可以互相转化的。本来具有函数关系的变量,当存在观测误差时,其函数关系往往以相关的形式表现出来。而具有相关关系的变量之间的联系,如果对它们有了深刻的规律性认识,并且能够把影响因变量变动的因素全部纳入方程，这时的相关关系也可能转化为函数关系。另外，相关关系也具有某种变动规律性，所以，相关关系经常可以用一定的函数形式去近似地描述。客观现象的函数关系可以用数学分析的方法去研究，而研究客观现象的相关关系必须借助于统计学中的相关分析与回归分析方法。

第二节 相关分析与回归分析

相关分析和回归分析是研究现象之间相关关系的两种基本方法。广义的相关分析包括相关关系的分析（狭义的相关分析）和回归分析，下面分别作介绍。

一、相关分析

（一）相关分析的概念

相关分析（Correlation Analysis）是研究现象之间是否存在某种依存关系并对有依存关系的现象用一个指标表明现象间相互依存关系的方向及密切程度的一种统计分析方法。

（二）相关关系的判断

相关关系的判断可以从定性分析和定量分析两个角度进行。

1. 定性分析

相关关系的定性分析是依据研究者的理论知识和实践经验，对客观现象之间是否存在相关关系以及何种关系作出判断。

例如，古语"近朱者赤，近墨者黑"就是对环境与人相关关系的定性分析。

2. 定量分析

相关关系的定量分析是在定性分析的基础上，通过编制相关表、绘制相关图和计算相关系数等方法，来判断现象之间相关的方向、形态及密切程度。

（1）相关表。

相关表（Correlation Table）是将自变量 x 的数值按照从小到大的顺序，并配合因变量 y 的数值一一对应而平行排列的表。

例 10-1：以表 10-1 的数据绘制消费者账单金额与小费的相关表。

解：以消费者的账单金额为自变量 x，以消费者给的小费为因变量 y，账单金额与小费的相关表如表 10-2 所示。

表 10-2 账单金额与小费的相关表　　　　　　　　　　　　单位：美元

账单金额	33.5	50.7	63.6	78.5	87.9	98.8	102.3	107.3	120.7	140.6
小费	5.5	5	12	9.4	8.1	17	15.4	16	18.6	22.4

从表 10-2 可以得到：相关表将杂乱的数据有序化，随消费者账单金额的增加，消费者给的小费总的来说呈上升趋势。

(2) 相关图。

相关图（Correlation Diagram）是将自变量 x 置于坐标横轴上，因变量 y 置于坐标纵轴上，将 (x,y) 绘于坐标图上，用来反映两变量之间相关关系的图形。相关图又称散点图。相关图是研究相关关系的直观工具，一般在进行详细的定量分析之前，可以先利用它对现象之间存在的相关关系的方向、形式和密切程度作大致的判断。

例 10-2：以表 10-1 的数据绘制消费者账单金额与小费的相关图。

解：以消费者的账单金额为自变量 x，以消费者给的小费为因变量 y，账单金额与小费的相关图如图 10-3 所示。

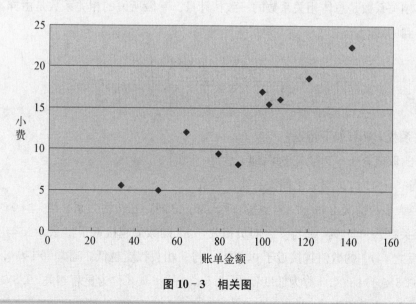

图 10-3　相关图

第十章　相关分析与回归分析

> 从图10-3可以看出,消费者账单金额与消费者给的小费之间呈正线性相关关系。

(3) 相关系数。

相关系数(Correlation Coefficient)是在线性条件下说明两个变量之间相关关系密切程度的统计分析指标。通常以 ρ 表示总体的相关系数,以 r 表示样本的相关系数。

总体相关系数的计算公式如下:

$$\rho = \frac{Cov(x,y)}{Var(x)Var(y)}$$

式中,$Cov(x,y)$ 是变量 x 和 y 的协方差;$Var(x)$ 和 $Var(y)$ 分别为变量 x 和 y 的方差。总体相关系数是反映两变量之间线性相关程度的一种特征值,表现为一个常数。

样本相关系数的计算公式如下:

$$r = \frac{\sum(x_i - \bar{x})(y_i - \bar{y})}{\sqrt{\sum(x_i - \bar{x})^2 \sum(y_i - \bar{y})^2}}$$

上式中,$\bar{x}$ 和 $\bar{y}$ 分别是 x 和 y 的样本平均数。

样本相关系数是总体相关系数的一致估计量。一般所说的相关系数是由样本相关系数转换得到的,即

$$r = \frac{n\sum xy - \sum x \sum y}{\sqrt{n\sum x^2 - (\sum x)^2}\sqrt{n\sum y^2 - (\sum y)^2}}$$

相关系数 r 具有如下特点:

① r 的取值介于 -1 与 1 之间,即 $r \in [-1,1]$。

② 当 $r = 0$ 时,x 与 y 之间没有线性关系。

③ 在大多数情况下,$o < |r| < 1$,即 x 与 y 之间存在线性关系。当 $r > 0$ 时,x 与 y 之间正相关;当 $r < 0$ 时,x 与 y 之间负相关。$|r|$ 的数值越接近于1,表示 x 与 y 相关程度越高;反之,$|r|$ 的数值越接近于0,表示 x 与 y 相关程度越低。通常 $|r| < 0.3$ 称为微弱相关,$0.3 \leqslant |r| < 0.5$ 称为低度相关,$0.5 \leqslant |r| < 0.8$ 称为显著相关,$0.8 \leqslant |r| < 1$ 称为高度相关或强相关。

④ r 是对变量之间线性相关关系的度量。$r=0$ 只是表明两个变量之间不存在线性关系,并不意味着 x 与 y 之间不存在其他类型的关系。对于两者之间可能存在的非线性相关关系,需要利用其他方法和指标进行分析。

> 例 10-3:以表 10-1 的数据计算消费者账单金额与小费的相关系数。
>
> 解:由相关系数的计算公式知,要计算消费者账单金额 x 与小费 y 的相关系数,需要先计算 $\sum xy$、$\sum x$、$\sum y$、$\sum x^2$、$(\sum x)^2$、$\sum y^2$ 和 $(\sum y)^2$。
>
> 由表 10-1 的数据,分别计算得到:$\sum xy = 13\,017.12$,$\sum x = 883.9$,$\sum y = 129.4$,$\sum x^2 = 87\,703.23$,$(\sum x)^2 = 781\,279.21$,$\sum y^2 = 1\,983.1$,$(\sum y)^2 = 16\,744.36$。
>
> 代入上述值到相关系数的计算公式得:
>
> $$r = \frac{n\sum xy - \sum x \sum y}{\sqrt{n\sum x^2 - (\sum x)^2}\sqrt{n\sum y^2 - (\sum y)^2}} = 0.918\,729$$
>
> 因此,消费者账单金额与小费的相关系数为 $0.918\,729$。由此,可以判断消费者账单金额与消费者给的小费之间呈强相关关系;且随着消费者账单金额的增加,消费者给的小费也增加。

上述采用相关系数判断变量间的相互关系时,可以准确了解变量间相关的程度及方向。但相关系数的计算公式复杂困难;如果没有计算器或其他软件的帮助,计算相关系数将是一件费时费力的工作。因此,借助某些软件,寻找一种简单快捷的方法计算变量间的相关系数变得非常有意义。这个问题将在本章第四节进行介绍。

二、回归分析

(一) 回归分析的概念

回归分析(Regression Analysis)是根据相关关系的具体形态,选择一个合适的数学模型(称为回归方程式)来近似地表达变量间的平均变化关系的统计分析方法。

(二) 回归分析的内容

回归分析的内容主要包括以下三个方面:

(1) 从一组样本数据出发,确定变量之间的数学关系式,即建立数学模型并估计其中的未知参数。估计参数的常用方法是最小二乘法。

（2）对这些关系式的可信程度进行各种统计检验；在许多自变量共同影响着一个因变量的关系中，判断哪个（或哪些）自变量的影响是显著的，哪些自变量的影响是不显著的，将影响显著的自变量选入模型中，而剔除影响不显著的变量。变量选入通常用逐步回归、向前回归或向后回归等方法。

（3）利用所求的关系式，根据一个或几个自变量的取值来预测或控制另一个特定因变量的取值，并给出这种预测或控制的精确程度。

(三) 回归分析的类型

回归分析是确定两个及以上变量间相互依赖定量关系的一种统计分析方法，运用十分广泛。按不同的分类标准，回归分析可以分为不同的类型。

1. 按涉及自变量的多少划分

按涉及自变量的多少，回归分析可分为一元回归分析和多元回归分析。当涉及一个自变量时为一元回归；当涉及自变量为两个及以上时为多元回归。

2. 按自变量和因变量之间的关系类型划分

按自变量和因变量之间的关系类型，回归分析可分为线性回归分析和非线性回归分析。自变量和因变量的关系可用一条直线近似表示时称为线性回归；相反，两者的关系不能用直线近似表示时称为非线性回归。

三、相关分析和回归分析的区别与联系

相关分析和回归分析既有区别，又有联系，常常互相补充。

(一) 相关分析和回归分析的区别

1. 是否事先确定自变量与因变量

在相关分析中，不必确定自变量和因变量；而在回归分析中，必须事先确定哪个为自变量，哪个为因变量，而且只能从自变量去推测因变量，不能从因变量去推测自变量。

2. 是否指出变量间相互关系的具体形式

相关分析不能指出变量间相互关系的具体形式；而回归分析能确切地指出变量之间相互关系的具体形式，它可根据回归模型从已知量估计和预测未知量。

3. 随机变量与非随机变量

相关分析所涉及的变量一般都是随机变量；而回归分析中因变量是随机的，自变量则作为研究时给定的非随机变量。

(二) 相关分析和回归分析的联系

相关分析和回归分析有着密切的联系。简单地说，两者的关系为：相关分析是回归

分析的基础和前提；回归分析是相关分析的深入和继续。具体而言：

（1）相关分析和回归分析不仅具有共同的研究对象，而且在具体应用时，常常必须互相补充。

（2）相关分析需要依靠回归分析来表明现象数量相关的具体形式，而回归分析则需要依靠相关分析来表明现象数量变化的相关程度。只有当变量之间存在着高度相关时，进行回归分析寻求其相关的具体形式才有意义。

由于上述原因，回归分析和相关分析在一些统计学的书籍中被合称为相关关系分析，即广义的相关分析。

相关与回归分析可以加深人们对客观现象之间相关关系的认识，因而是对客观现象进行分析的有效方法。但是，相关分析和回归分析只是定量分析的手段。通过相关与回归分析虽然可以从数量上反映现象之间的联系形式及其密切程度，但无法准确地判断现象内在联系的有无，也无法单独以此来确定何种现象为因，何种现象为果。只有以实质性科学理论为指导，并结合实际经验进行分析研究，才能正确判断事物的内在联系和因果关系。对没有内在联系的事物进行相关和回归分析，不但没有意义，反而会导致荒谬的结论。例如，报纸上报道过这样一则消息："有记者将茶水当作尿液拿去医院化验，结果显示病人'发炎'。"很多人批评医生没有医德，说医生不负责任，茶水怎么会得出"发炎"的结论？我个人认为这不是医生的错，也不是化验仪器的错，错就错在系统的输入，即"尿液"错了；没有关联的事物放在一起分析是没有意义的。因此，在应用相关分析和回归分析对客观现象进行研究时，一定要始终注意把定性分析和定量分析结合起来，在定性分析的基础上开展定量分析。

第三节　标准的一元线性回归模型

一、标准的一元线性回归模型

（一）概念要点

（1）当回归分析只涉及一个自变量 x 时称为一元回归；若因变量 y 与自变量 x 之间为线性关系时称为一元线性回归。

（2）对于具有线性关系的两个变量，可以用一个线性方程来表示它们之间的关系。

（3）描述因变量 y 如何依赖于自变量 x 和误差项 ε 的方程称为回归模型。

(二) 一般形式

标准一元线性回归模型的一般形式记为：

$$y = \beta_0 + \beta_1 x + \varepsilon$$

上式中，y 是自变量；β_0、β_1 是未知的待定常数，称为回归系数（也称为模型参数）；x 是自变量；ε 是随机误差。

模型中，y 是 x 的线性函数部分加上误差项。线性部分反映由于 x 的变化而引起的 y 的变化；误差项 ε 是随机变量，反映除 x 和 y 之间的线性关系之外的随机因素对 y 的影响，是不能由 x 和 y 之间的线性关系所解释的变异性。为了便于作估计和假设检验，总是作如下假设：

(1) 自变量是给定的变量，与随机误差项线性无关。
(2) 误差项的期望值为 0，即 $E(\varepsilon) = 0$。
(3) 误差项的方差为常数，即 $D(\varepsilon) = \sigma^2$。
(4) 随机误差项服从正态分布，即 $\varepsilon \sim N(0, \sigma^2)$。
(5) 误差项之间不存在序列相关关系，其协方差为零，即 $Cov(\varepsilon_i, \varepsilon_j) = 0$，$(i \neq j)$。

满足以上标准假定的一元线性模型，称为标准的一元线性回归模型。

然而，大家可能会疑惑，上述标准假定在现实生活中总是能得到满足吗？学习以标准假定为基础的回归分析理论与方法有意义吗？答案是肯定的。因为，同所有科学研究一样，首先从理想状态和一般形式出发，研究这一状态下的基本方法与规律，然后再以此为规范，拓展研究非理想状态（现实生活的实际情况）下可以采用的方法。感兴趣的读者可以从高级计量经济学中找到更多的介绍。

二、一元线性回归模型的最小二乘估计

假设有一组数据 $(x_i, y_i)(i = 1, 2, \cdots, n)$，并假设 $y_i(i = 1, 2, \cdots, n)$ 是相互独立的随机变量，则有：

$$y_i = \beta_0 + \beta_1 x_i + \varepsilon_i, i = 1, 2, \cdots, n$$

其中，ε_i 是相互独立的，且 $\varepsilon_i \sim N(0, \sigma^2)$，$y_i \sim N(\beta_0 + \beta_1 x_i, \sigma^2)$。

若用 $\hat{\beta}_0$、$\hat{\beta}_1$ 分别表示 β_0 和 β_1 的估计值，则称 $\hat{y} = \hat{\beta}_0 + \hat{\beta}_1 x$ 为 y 关于 x 的一元线性回归方程。要研究的问题是：

(1) 如何根据 $(x_i, y_i)(i = 1, 2, \cdots, n)$ 来求 β_0 和 β_1 的估计值？
(2) 如何检验回归方程的可信度？

要解决第一个问题，通常采用参数估计的最小二乘法。

(一) 参数估计的最小二乘法

回归分析的主要任务就是要建立能够近似反映真实总体回归函数的样本回归函数。在根据样本资料确定样本回归方程时,一般总是希望 y_i 的估计值 $\hat{y}_i$ 从整体来看尽可能地接近其实际观测值。这就是说,残差 ε_i 的总量越小越好。可是,由于 ε_i 有正有负,简单的代数和会相互抵消。因此为了便于处理,通常采用残差平方和 $\sum \varepsilon_i^2$ 作为衡量总偏差的尺度。所谓最小二乘法就是根据这一思路,通过使残差平方和为最小来估计回归系数的一种方法。设

$$Q = \sum \varepsilon_i^2 = \sum (y_i - \hat{y}_i)^2 = \sum (y_i - \hat{\beta}_0 - \hat{\beta}_1 x_i)^2$$

显然,残差平方和 Q 的大小将依赖于 $\hat{\beta}_0$ 和 $\hat{\beta}_1$ 的取值。根据微积分中求极小值的原理,可知 Q 存在极小值。要使 Q 达到最小,同时对 Q 求 $\hat{\beta}_0$ 和 $\hat{\beta}_1$ 的偏导数并令其等于零,即

$$\begin{cases} \dfrac{\partial Q(\hat{\beta}_0, \hat{\beta}_1)}{\hat{\beta}_0} = -2 \sum (y_i - \hat{\beta}_0 - \hat{\beta}_1 x_i) = 0 \\ \dfrac{\partial Q(\hat{\beta}_0, \hat{\beta}_1)}{\hat{\beta}_1} = -2 x_i \sum (y_i - \hat{\beta}_0 - \hat{\beta}_1 x_i) = 0 \end{cases}$$

整理后,得到:

$$\begin{cases} n\hat{\beta}_0 + \hat{\beta}_1 \sum x_i = \sum y_i \\ \hat{\beta}_0 \sum x_i + \hat{\beta}_1 \sum x_i^2 = \sum x_i y_i \end{cases}$$

以上方程组被称为正规方程组或标准方程组,式中的 n 是样本容量。求解这一方程组,可得:

$$\begin{cases} \hat{\beta}_1 = \dfrac{n \sum\limits_{i=1}^{n} x_i y_i - \left(\sum\limits_{i=1}^{n} x_i\right)\left(\sum\limits_{i=1}^{n} y_i\right)}{n \sum\limits_{i=1}^{n} x_i^2 - \left(\sum\limits_{i=1}^{n} x_i\right)^2} \\ \hat{\beta}_0 = \dfrac{\sum\limits_{i=1}^{n} y_i}{n} - \hat{\beta}_1 \dfrac{\sum\limits_{i=1}^{n} x_i}{n} \end{cases}$$

以上两式是估计总体回归系数 β_0 和 β_1 的公式。

例 10-4：由例 10-3 已知消费者账单金额与消费者给的小费之间呈强相关关系。以表 10-1 的数据求消费者账单金额（x）与小费（y）的回归方程式（置信度为 95%）。

解：由回归系数的公式知，要计算消费者账单金额（x）与小费（y）的回归方程，需要先计算 $\sum xy$、$\sum x$、$\sum y$、$\sum x^2$、$(\sum x)^2$。

由表 10-1 的数据，分别计算得到：$\sum xy = 130\,17.12$，$\sum x = 883.9$，$\sum y = 129.4$，$\sum x^2 = 877\,03.23$，$(\sum x)^2 = 781\,279.21$。

代入上述值到回归方程系数的计算公式得：

$$\begin{cases} \beta_1 = -1.64 \\ \beta_0 = 0.16 \end{cases}$$

因此，消费者账单金额与小费的回归方程式为 $y = -1.64 + 0.16x$。

并且，由消费者账单金额与小费的回归方程式可得到如下结论：

(1) 消费者的账单金额在一定范围内（本例约为 10 美元）时，消费者将不给小费（小费为 0）。该结论是符合逻辑的。因为账单金额在 10 美元以内表明消费的地方可能很普通；消费者也是图便宜才在这种地方消费，所以消费者一般是不给小费的。

(2) 消费者的账单金额较大时，消费者给的小费约为账单金额的 15%。

(二) $\hat{\beta}_0$ 和 $\hat{\beta}_1$ 的性质

(1) $\hat{\beta}_0 \sim N\left[\beta_0, \left(\dfrac{1}{n} + \dfrac{\bar{x}^2}{l_{xx}}\right)\sigma^2\right]$；

(2) $\hat{\beta}_1 \sim N\left(\beta_1, \dfrac{\sigma^2}{l_{xx}}\right)$；

(3) $\text{Cov}(\hat{\beta}_0, \hat{\beta}_1) = -\dfrac{\bar{x}}{l_{xx}}\sigma^2$。

其中，$l_{xx} = \sum\limits_{i=1}^{n}(x_i - \bar{x})^2 = \sum\limits_{i=1}^{n} x_i^2 - \dfrac{1}{n}\left[\sum\limits_{i=1}^{n} x_i\right]^2$。

事实上，$E(\hat{\beta}_0) = \beta_0$，$D(\hat{\beta}_0) = \left(\dfrac{1}{n} + \dfrac{\bar{x}^2}{l_{xx}}\right)\sigma^2$，$E(\hat{\beta}_1) = \beta_1$，$D(\hat{\beta}_1) = \dfrac{\sigma^2}{l_{xx}}$。由此可知 $\hat{\beta}_0$ 和 $\hat{\beta}_1$ 是 β_0 和 β_1 的无偏估计。从而可以得到对固定的 x 有：

$$E(\hat{y}) = E(\hat{\beta}_0 + \hat{\beta}_1 x) = E(\hat{\beta}_0) + E(\hat{\beta}_1)x = \beta_0 + \beta_1 x = E(y)$$

即 $\hat{y}$ 是 y 的无偏估计,且有:

$$D(\hat{y}) = D(\hat{\beta}_0 + \hat{\beta}_1 x) = D(\hat{\beta}_0) + D(\hat{\beta}_1)x^2 + 2Cov(\hat{\beta}_0, \hat{\beta}_1)x = \left(\frac{1}{n} + \frac{(x-\bar{x})^2}{l_{xx}}\right)\sigma^2$$

故 $\hat{y} \sim N\left[\beta_0 + \beta_1 x, \left(\frac{1}{n} + \frac{(x-\bar{x})^2}{l_{xx}}\right)\sigma^2\right]$,即 $\hat{y}$ 是 $\eta(x)$ 的无偏估计。

三、一元线性回归模型的显著性检验

回归分析中的显著性检验包括两方面的内容:一是对各回归系数的显著性检验;二是对整个回归方程的显著性检验。

(一)回归系数的显著性检验

所谓回归系数的显著性检验,就是根据样本估计的结果对总体回归系数的有关假设进行检验。β_0 和 β_1 的检验方法是相同的,但 β_1 的检验更为重要,因为它表明自变量对因变量线性影响的程度。

下面以 β_1 的检验为例,介绍回归系数显著性检验的基本步骤。

1. t 检验

(1)提出假设。

对回归系数进行显著性检验,所提出的假设的一般形式是:

$H_0: \beta_1 = \beta_1^*$,$H_1: \beta_1 \neq \beta_1^*$

式中,H_0 表示原假设,H_1 表示备择假设,β_1^* 是假设的总体回归系数的真值。在许多回归分析的计算程序里,常常令 $\beta_1^* = 0$。这是因为 β_1 是否为 0 可以表明 x 对 y 是否有显著的影响。

(2)确定显著水平 α。

显著水平的大小应根据实际研究需要确定。常取的值有 0.1、0.05 和 0.01,一般情况下取 0.05。

(3)计算回归系数的 t 值。

$$t_{\hat{\beta}_1} = \frac{\hat{\beta}_1 - \beta_1^*}{S_{\hat{\beta}_1}}$$

上式中,$S_{\hat{\beta}_1}$ 是回归系数 $\hat{\beta}_1$ 估计的标准误差。

(4)确定临界值。

t 检验的临界值是由显著水平和自由度(degree of freedom,df)决定的。这时应该注意,原假设和备择假设设定的方式不同,据以判断的接受域和拒绝域也不相同,这里分单侧 t 检验和双侧 t 检验。对于 $H_0: \beta_1 = \beta_1^*$，$H_1: \beta_1 \neq \beta_1^*$ 的假设,使用的是双侧 t 检验;而对于 $H_0: \beta_1 = 0.95$，$H_1: \beta_1 < 0.95$ 的假设,使用的是单侧 t 检验。依据显著性系数 α 和自由度 df,在双侧检验的情况下,查 t 分布表所确定的临界值是 $-t_{\alpha/2}$ 和 $t_{\alpha/2}$;而在单侧检验的情况下,所确定的临界值是 t_α。

(5) 做出判断。

如果 $t_{\hat{\beta}_1}$ 的绝对值大于临界值的绝对值,就拒绝原假设,接受备择假设;反之,如果 $t_{\hat{\beta}_1}$ 的绝对值小于临界值的绝对值,则接受原假设。

2. p 检验

回归系数的显著性检验还可以采用 p 检验。其前三步与 t 检验相同,但 t 值计算出来之后,并不与 t 分布的临界值进行对比,而是直接计算自由度为 $df = n - 2$ 的 t 统计量大于或小于根据样本观测值计算的 $t_{\hat{\beta}_1}$ 的概率(即 p 值)。然后将其与给定的显著水平 α 对比,如果 p 小于 α,则拒绝原假设;反之,则接受原假设。利用 Excel 进行回归分析时,软件将直接给出回归系数估计的 p 值。

(二) 回归方程的显著性检验

前面是根据回归方程 $y = \beta_0 + \beta_1 x$ 求出了估计值 $\hat{\beta}_0$ 和 $\hat{\beta}_1$,从而有 $\hat{y} = \hat{\beta}_0 + \hat{\beta}_1 x$。现在的问题是:$y$ 与 x 之间是否确实存在这种关系?即回归方程是否一定有意义?这就需要对回归方程作显著性检验。

实际上,只需检验 $\beta_1 = 0$ 是否为真,这就需要建立一个检验统计量。

先考虑总偏差平方和 $SST = \sum_{i=1}^{n}(y_i - \bar{y})^2$,即表示 $y_1, y_2, \cdots, y_n$ 之间的差异,将其分解为两个部分,即

$$SST = \sum_{i=1}^{n}(y_i - \bar{y})^2 = \sum_{i=1}^{n}(y_i - \hat{y}_i + \hat{y}_i - \bar{y})^2$$
$$= \sum_{i=1}^{n}(y_i - \hat{y}_i)^2 + \sum_{i=1}^{n}(\hat{y}_i - \bar{y})^2 + 2\sum_{i=1}^{n}(y_i - \hat{y}_i)(\hat{y}_i - \bar{y})$$
$$\square SSE + SSR$$

事实上,由正规方程组知交叉项

$$\sum_{i=1}^{n}(y_i - \hat{y}_i)(\hat{y}_i - \bar{y}) = \sum_{i=1}^{n}(y_i - \hat{\beta}_0 - \hat{\beta}_1 x_i)(\hat{\beta}_0 + \hat{\beta}_1 x_i - \bar{y})$$

$$= \sum_{i=1}^n (y_i - \hat{\beta}_0 - \hat{\beta}_1 x_i)(\hat{\beta}_0 - \bar{y}) + \hat{\beta}_1 \sum_{i=1}^n (y_i - \hat{\beta}_0 - \hat{\beta}_1 x_i) x_i$$
$$= 0$$

即回归平方和 $SSR = \sum_{i=1}^n (\hat{y}_i - \bar{y})^2$，残差平方和 $SSE = \sum_{i=1}^n (y_i - \hat{y}_i)^2$。

实际上，SSR 是由回归变量 x 的变化引起的误差，它的大小反映了 x 的重要程度；而 SSE 是由随机误差和其他未加控制的因素引起的。因此，主要考虑回归平方和 SSR 在 SST 中所占比重。记 $R = \dfrac{SSR}{SST}$，称 R 为复相关系数。R 多大才认为函数关系存在呢？为此引进 F 统计量。

由于总偏差平方和 SST 的自由度 $df_T = n-1$（n 为样本个数）；回归平方和 SSR 的自由度 $df_R =$ 回归系数个数 $-1 = 1$；残差平方和 SSE 的自由度 $df_E = df_T - df_R = n-2$。于是 SSE 的均方 $MSE = \dfrac{SSE}{n-2}$。

由 $\hat{\beta}_0$ 和 $\hat{\beta}_1$ 的性质可以证明：当 $\beta_1 = 0$ 时，$E(SSR) = \sigma^2$，$E(MSE) = \sigma^2$。说明当 $\beta_1 = 0$ 时，MSE 是残差的无偏估计。F 统计量为 $F = \dfrac{MSR}{MSE} = \dfrac{SSR}{SSE/(n-2)}$，即 $F \sim F(df_R, df_E) = F(1, n-2)$。

在 $\beta_1 = 0$ 的假设下，给定一个模型的显著水平 α，可以查表得到 F 分布的值，记为 $F_\alpha(1, n-2)$。若 $F > F_\alpha(1, n-2)$，则说明 $\beta_1 = 0$ 的假设不成立，即模型中一次项 $\beta_1 x$ 是必要的。换言之，模型在水平 α 下是显著的。

回归方程的拟合检验思路与回归方差显著性检验思路相同，鉴于公式的冗余，这里不作介绍。感兴趣的读者可以在统计学和计量经济学的相关教材中找到更多的补充资料。

四、一元线性回归模型预测

（一）回归预测的基本公式

建立回归模型的重要目的之一是进行预测。如果所拟合的样本回归方程经过回归系数和回归方程的显著性检验，被认为具有经济意义，同时被证明有较高的拟合程度，就可以利用其来进行预测。简单回归预测的基本公式如下：

$$\hat{y}_f = \hat{\beta}_0 + \hat{\beta}_1 x_f$$

式中，x_f 是给定 x 的具体数值；$\hat{y}_f$ 是 x_f 给定时 y 的预测值；$\hat{\beta}_0$ 和 $\hat{\beta}_1$ 是已估计出的样本回归系数。回归预测是一种有条件的预测，在进行回归预测时，必须先给出 x_f 的具体数值,据此对 y 进行预测。

(二) 预测误差

$\hat{y}_f$ 是根据样本回归方程计算的,它是样本观测值的函数,因而是一个随机变量。$\hat{y}_f$ 与所要预测的真值 y 之间必然存在一定的误差。在实际的回归模型预测中,导致预测误差的原因主要有以下四种:

1. 模型本身误差因素造成的误差

由于总体回归函数并未将所有影响 y 的因素都纳入模型,同时其具体的函数形式也只是实际变量之间数量联系的近似反映,因此必然存在误差。模型本身误差因素造成的误差可以用总体随机误差项的方差来评价。

2. 回归系数的估计值同其真值不一致造成的误差

样本回归系数是根据样本估计的,它与总体回归系数之间总是有一定的误差。回归系数的估计值同其真值不一致造成的误差可以用回归系数的最小二乘估计量的方差来评价。

3. 自变量 x 的设定值同其实际值的偏离造成的误差

当给出的 x_f 在样本之外时,其本身也需要利用某种方法去进行预测。如果 x_f 与未来时期 x 的实际值不符,根据回归预测基本公式计算的 $\hat{y}_f$ 当然也会与 y_f 有所不同。

4. 未来时期总体回归系数发生变化造成的误差

在研究客观经济现象的总体回归方程中,总体回归系数是一定时期内经济结构的数量特征,随着社会经济运行机制和经济结构的变化,回归系数也会有所变动。这时,如果仍沿用根据样本期数据拟合的样本回归方程去进行预测,也会造成误差。

在以上造成预测误差的原因中,3 和 4 两项难以事先予以估计和控制。因此,本章只考虑 1 和 2 两种误差存在。

设 x_f 给定时 y 的真值为 y_f,则

$$y_f = \beta_0 + \beta_1 x_f + \varepsilon_f$$

那么,

$$\begin{aligned} e_f &= y_f - \hat{y}_f \\ &= \beta_0 + \beta_1 x_f + \varepsilon_f - (\hat{\beta}_0 + \hat{\beta}_1 x_f) \\ &= (\beta_0 - \hat{\beta}_0) + (\beta_1 - \hat{\beta}_1) x_f + \varepsilon_f \end{aligned}$$

式中,ε_f 是预测的残差。利用期望值与方差的运算规则以及前面给出的回归系数最小二乘估计量的期望值和方差,可以证明:

$$E(\varepsilon_f) = 0$$

$$Var(\varepsilon_f) = \sigma^2 \left[1 + \frac{1}{n} + \frac{(x_f - \bar{x})^2}{\sum (x_i - \bar{x})^2} \right]$$

在此基础上,还可以进一步证明 $\hat{y}_f$ 是 y_f 的最优线性无偏预测,即在标准假定能够满足的情况下,回归预测的基本公式是 y_f 的最佳预测方式。

(三)区间预测

前面给出的回归预测基本公式是对 y_f 的点估计。但是点估计的正确性往往较低;在许多场合,人们更为关心的是对 y_f 的区间估计。对这部分内容感兴趣的读者也可以在统计学和计量经济学的相关教材中找到更多的补充资料。

例 10-5:用例 10-4 得到的回归方程式进行预测。求当消费者的账单金额为 165 美元时,消费者给的小费大致为多少?

解:直接代入消费者的账单金额 x 到回归方程式中预测消费者的小费 y,得:

$$y = -1.64 + 0.16x$$
$$= -1.64 + 0.16 \times 165$$
$$= 25.6$$

因此,当消费者账单金额为 165 美元时,消费者给的小费大致为 25.6 美元。

第四节 Excel 在相关分析与回归分析中的运用

一、目的原理

在本章的第二、三节,我们分别得到了相关分析相关系数的计算公式和一元线性回归参数估计的公式。但是,上述公式和各种显著性检验都显得复杂且烦琐,纯粹靠手工或借助一般的计算器计算也将耗费大量的时间。因此,借助某些软件,寻找一种简单快捷的进行相关和回归分析、得到相关统计量和参数的值变得非常有意义。这是本节要解决的问题。

本节通过 Excel "数据分析"中"相关系数"与"回归"功能对原始调查数据进行相关分析和回归分析。

二、实验对象与用品

Excel 2003 完全安装版。

三、方法步骤

本节沿用开篇案例的问题,为了读者阅读的方便,我们将源数据再次呈现。通过调查,消费者账单金额与小费之间的数量关系如表10-3所示。

表10-3 账单金额与小费的成对数据　　　　　　　　单位:美元

账单金额	33.5	50.7	87.9	98.8	63.6	107.3	120.7	78.5	102.3	140.6
小费	5.5	5	8.1	17	12	16	18.6	9.4	15.4	22.4

要求:(1)进行相关分析,计算账单金额与小费的相关系数;(2)进行回归分析,并写出账单金额(x)与小费(y)的回归方程。

运用Excel 2003完成上述要求的主要步骤如下。

(一) 相关分析

1. 输入数据

(1)新建一个Excel工作表。打开Excel工作表的一个工作簿(Sheet1),第1行为标志行,在A1单元格输入A列的标志"账单金额";在B1单元格输入B列的标志"小费"。

将表10-3中的"账单金额"数据从A2单元格开始复制到Excel工作簿的A列中①;将"小费"数据从B2单元格开始复制到Excel工作簿的B列中。

在Excel中完成上述操作后的效果如表10-4所示。

表10-4 数据输入

	A	B
1	账单金额	小费
2	33.5	5.5
3	50.7	5
4	63.6	12
5	78.5	9.4
6	87.9	8.1
7	98.8	17
8	102.3	15.4
9	107.3	16
10	120.7	18.6
11	140.6	22.4

---

① 将一行数据转换为一列数据的方法为:首先复制这一行数据,然后在Excel工作簿的任一空格单击鼠标右键并选择"选择性粘贴",在弹出来的"选择性粘贴"对话框中选择"转置",最后单击"确定"。

2. 调出"相关系数"对话框

从菜单栏"工具——数据分析"路径打开"数据分析"对话框,如图 10－4 所示;选择"相关系数"分析工具,如图 10－5 所示。

图 10－4　打开"数据分析"菜单的路径

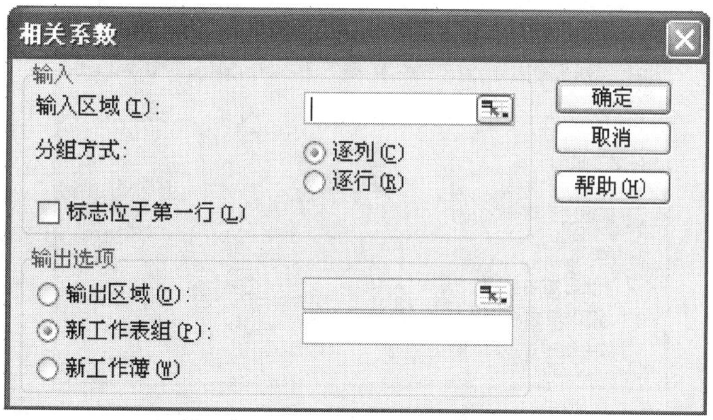

图 10－5　"相关系数"对话框

注意:(1) 在"工具"菜单下可能没有"数据分析"选项。这时则需要执行"工具——加载宏",从"加载宏"对话框中选择"分析工具库",点击确定后再执行"工具——数据分析"路径打开"数据分析"对话框。(2) 执行"工具——加载宏"时提醒"放入安装光盘"。这时较好的解决方案是卸载现有的 Office 软件,重新安装,且在安装时选择"完全安装"选项。安装完毕后再执行"加载宏"操作。

图 10-5 中相应模块的功能和操作具体为:

• 输入区域:在此输入待分析数据区域的单元格范围。本例输入区域为"＄A＄1:＄B＄11"。

注意:为了防止输入错误,最好选择直接引用功能。即点击 按钮,在数据区域点击 A1 单元格,按住鼠标左键不放,拖动到 B11 位置,再点击 按钮返回即可完成输入区域的输入。

• 分组方式:数据的排列方式。本例中"账单金额"和"小费"的数据是以"列"排列的,所以选择 逐列(C)。

• 标志位于第一行:如果输入区域的第一行或第一列中包含标志项,则选中此复选框;如果输入区域没有标志项,则清除此复选框,Excel 将在输出表中生成适宜的数据标志。本例中第一行代表数据的标志,不是真正分析的数据,所以应当在"标志位于第一行"前打钩。

• 输出选项:一般选择"新工作表组"。这里"相关系数"的分析结果占用区域较小,选择从 D1 单元格开始输出分析结果。点击"输出选项"后面的 按钮,在数据区域点击 D1 单元格,再点击 按钮返回即可完成输出区域的输入。

最终选定结果如图 10-6 所示。

图 10-6 选定后的"描述统计"对话框

最后,单击"确定"按钮。得到结果如表 10-5 所示。

3. 结果分析

从表 10-5 可知,消费者账单金额和小费的相关系数为 0.918 729,这与运用相关系数公式计算的结果一致。

表 10-5 选定后的"描述统计"对话框

D	E	F
	账单金额	小费
账单金额	1	
小费	0.918729	1

(二) 回归分析

1. 输入数据

这里沿用"(一)相关分析"过程在 Sheet1 中已经输入好的数据。

2. 调出"回归"对话框

从菜单栏"工具——数据分析"路径打开"数据分析"对话框,如图 10-4 所示;选择"回归"分析工具,如图 10-7 所示。

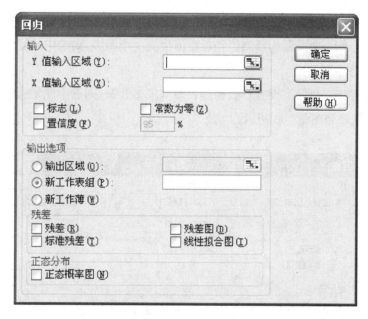

图 10-7 "回归"对话框

图 10-7 中相应模块的功能和操作具体为:

(1)"输入"部分。

- Y 值输入区域:在此输入待分析数据区域因变量 y 的单元格范围。本例输入区域为"\$B\$1:\$B\$11"。

- X 值输入区域:在此输入待分析数据区域自变量 x 的单元格范围。本例输入区域为"\$A\$1:\$A\$11"。自变量的个数最多可达 16 个。

- 标志:如果输入区域的第一行或第一列中包含标志项,则选中此复选框;如果输入区域没有标志项,则清除此复选框,Excel 将在输出表中生成适宜的数据标志。本例中第一行代表数据的标志,不是真正分析的数据,所以应当在"标志"前打钩。

- 常数为零:如果回归方程中不想包含常数项,则选中此复选框。本例不作选择。
- 置信度:显著性检验的标准。另外,如果需要在汇总输出表中包含附加的置信度信息,则选中此复选框,然后输入所要使用的置信度,95%为默认值。本例在"置信度"前打钩,默认置信度为 95%。

(2)"输出选项"部分。

- 输出选项:选择"新工作表组"。

(3)"残差"部分。

- 残差:如果需要查看残差,则选中此复选框。
- 残差图:如果需要生成一张图表,绘制每个自变量及其残差,则选中此复选框。
- 标准残差:如果需要在残差输出表中包含标准残差,则选中此复选框。
- 线形拟合图:如需要为预测值和观察值生成一个图表,则选中此复选框。

(4)"正态分布"部分。

- 正态概率图:如果需要查看数据是否服从正态分布,则选中此复选框。

最终选定结果如图 10-8 所示。

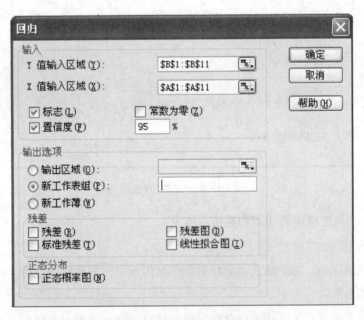

图 10-8 选定后的"回归"对话框

最后,单击"确定"按钮。得到结果如表 10-6、表 10-7 和表 10-8 所示。

表 10-6 回归统计

Multiple R	0.918 729
R Square	0.844 064
Adjusted R Square	0.824 572
标准误差	2.452 854
观测值	10

表 10-7 方差分析

	df	SS	MS	F	Significance of F
回归分析	1	260.532 1	260.532 1	43.302 976 39	0.000 172 869
残差	8	48.131 94	6.016 493		
总计	9	308.664			

表 10-8 回归结果

	Coefficients	标准误差	t Stat	p-value	Lower 95%	Upper 95%	下限 95.0%	上限 95.0%
Intercept	−1.640	2.347	−0.699	0.505	−7.053	3.773	−7.053	3.773
账单金额	0.165	0.025	6.580	0.000	0.107	0.223	0.107	0.223

注:对数据取三位小数点后的值。

3. 结果分析

表 10-6 为回归统计分析。Multiple R 指复相关系数;这里只有一个自变量,所以复相关系数也等于简单相关系数。R Square(R^2)指判定系数,是判断线性回归直线拟合优度的重要指标;R^2 体现了回归模型所能解释的因变量变异性的百分比。当 $R^2=1$ 时,表示所有的观测点全部落在回归直线上;当 $R^2=0$ 时,表示自变量与因变量无线性关系。Adjusted R Square 指调整的判定系数,是消除了自变量个数影响的 R^2 修正值。标准误差指估计的标准误。观测值指样本容量。从表 10-6 知 Adjusted R Square=0.825,说明一元线性方程的拟合效果较好,能够通过统计检验。

表 10-7 为方差分析。df 指自由度,SS 指平方和,MS 指均方,F 指 F 统计量,Significance of F 指 p 值。从表 10-7 知整个方程的 F 统计量也较大达 43.302,p 值=0.000 17<0.05(设定的显著性系数),也表明方程的拟合效果较好,能够通过统计检验。

表 10-8 为回归结果。Intercept 指截距,Coefficient 指系数,t Stat 指 t 统计量。从表 10-8 知账单金额的 p 值=0.000<0.05,表明账单金额对小费的影响是显著的;且账

单金额对小费的影响是正的，系数为 0.165，这也与实际经济现象相吻合。

最后，根据 Excel 的分析结果，所求的回归方程式为 $y = -1.64 + 0.16x$。

本 章 小 结

相关分析与回归分析是数据统计和深入分析的重要手段。本章主要介绍了相关分析与回归分析的基本原理、类型，标准的一元线性回归模型以及 Excel 在相关分析和回归分析中的运用。函数关系和相关关系是客观现象之间的两种典型相互关系形式。相关关系可以用相关图、相关表和相关系数定量表示。对于具有相关关系的现象可以进一步进行回归分析指明变量间相互关系的具体形式。当回归分析只涉及一个自变量且因变量与自变量之间为线性关系时称为一元线性回归，一般用最小二乘法对回归模型进行参数估计；为了评判一元线性方程的拟合效果较好，通常要对回归系数（t 检验）和回归方程（F 检验）进行显著性检验；对于拟合效果好的回归方程可以进行预测。利用"分析工具库"宏功能中的"相关系数"和"回归"分析工具可以简单快捷地计算变量间的相关系数和回归参数，并完成相关统计检验。

思考题

1. 为什么要对回归方程进行显著性检验？
2. 是否可以用 Excel 进行多元回归分析？
3. 除了 Excel，还有哪些专业的回归分析软件？

第十一章 时间序列预测

开篇案例

我国中药材市场需求会持续旺盛吗？

随着中药市场的快速发展，我国中药材市场需求正呈现出快速健康发展的新趋势。目前，国际植物药市场需求量正以10%的年均增长率递增，我国中药材需求也以15%的年均增长率递增。根据中药材天地网信息中心[①]发布的《2011年9月市场价格同2010年同期比较监测报告》，通过对537个药材品种在2011年9月与2010年同期之间价格变动情况的监测，发现有过半品种销量持续攀升、价格上涨，呈现出近年来少有的活跃态势。其中，价格涨幅段在21%~50%的药材品种数量最多，为104个，占涨价总数的35%；在5%~20%的为93个，占涨价总数的31%；在51%~100%的为51个，占涨价总数的17%；在101%~180%的为18个，占涨价总数的6%；在5%以下的为25个，占涨价总数的8%；在181%~300%的为4个，占涨价总数的1%；涨幅超过300%的有1个。

在人口老龄化、全球医疗体制改革、保健养生以及"回归自然"的世界潮流影响下，传统医药在世界上的应用范围和使用率不断提高，在国际市场空间不断扩大，在世界范围内显示了良好的发展机遇和非常广阔的发展前景。据了解，近十年来我国中药材的需求翻了3番，年需求量已高达60万吨，出口约30万吨。

海关统计数据显示，我国每年的中药出口数量为24万吨，其中中药材出口数量为20万吨，约占中药材整体采收量的20%，而中药材进口数量和种类很少。专家指出，中药材原料巨大的贸易顺差，使得我国本就严峻的资源供求矛盾更加激化和突出。

---

① 国家工信部中药材产业信息检测预警平台、国家商务部行业唯一电子商务示范平台、中国中药协会中药材信息中心官方网站。

> 随着人民生活水平的提高和保健意识的增强,特别是"非典"等多次重大疫情的惨痛经历,使人们更多关注使用中药制剂来增强免疫力,以中药材为原料的保健品需求旺盛,呈稳步上升之势。中药材市场需求潜力巨大。
>
> **案例思考:**
> 在未来三年,我国中药材市场需求会持续旺盛吗?

第一节　时间序列预测概述

一、时间序列预测的含义

(一) 时间序列

1. 时间序列的概念

时间序列(Time Series)是指将某种现象的某一个统计指标在不同时间上的各个数值按时间先后顺序排列而形成的序列。时间序列也称动态数列或时间数列。

时间序列在经济管理中非常普遍,如社会经济现象随着时间推移不断发展变化,观察记录社会经济现象在不同时间的统计指标便形成了时间序列。图 11-1 是 2002—2012

图 11-1　2002—2012 年生猪价格变化(单位:元/千克)

数据来源:中国畜牧业信息网。

年按月观察得到的我国生猪价格变化的时间序列。

鉴于按月观察得到的数据量太大,将每年12个月的数据进行平均,得到2002—2012年按年观察的我国生猪价格变化的时间序列,如表11-1所示。

表11-1 2002—2012年生猪价格变化

年份	平均价格(元/千克)	年份	平均价格(元/千克)
2002	6.0	2008	14.9
2003	6.4	2009	11.2
2004	8.7	2010	11.5
2005	8.1	2011	16.9
2006	7.1	2012	15.0
2007	11.8		

从图11-1和表11-1可以看出时间序列有两个基本要素:一是统计指标所属的时间,二是统计指标在特定时间的具体指标值。

2. 时间序列编制的原则

编制时间序列的目的是要通过比较数列中各指标来研究社会经济现象的发展及其规律。因此,保证数列中各个指标数值的可比性是编制时间序列的基本原则。具体而言,有以下原则需要遵守:

(1)统计时间一致。

对于不同时期的指标值,各指标值所属时期长短应一致。

(2)统计口径一致。

这主要包括三个方面的内容:首先,被观察现象总体范围应一致;其次,计量单位应一致;最后,指标所反映的经济内容要一致。

(3)计算方法一致。

在编制时间序列时,应注意各指标的计算方法是否统一,以确保指标可比。

(二)时间序列预测

1. 时间序列预测的概念

时间序列预测(Time Series Forecasting)是以时间数列所能反映的社会经济现象的发展过程和规律性,进行引申外推,预测其发展趋势的方法;时间序列预测是一种历史资料延伸预测,也称历史延伸预测法。

2. 时间序列预测法的步骤

(1)编制时间序列。

收集历史资料,加以整理,编成时间序列,并根据时间序列绘成统计图。

(2) 分析时间序列。

时间序列中每一时期的数值都是由许多不同的因素同时发生作用后出现的综合结果。时间序列分析通常是把各种可能发生作用的因素进行分类,传统的分类方法是按各种因素的特点或影响效果分为四大类:① 长期趋势;② 季节变动;③ 循环变动;④ 不规则变动。

(3) 根据统计规律构建数学模型。

在(2)的基础上,选用近似的数学模型来表示时间序列;对于数学模型中的诸未知参数,选用恰当的技术方法求出其值。

(4) 预测。

利用(3)构建的数学模型进行预测。

二、时间序列预测的作用

在市场调查和研究中,时间序列预测及其分析研究具有很重要的作用。时间序列预测方法的根据是过去的统计数字之间存在着一定的关系;这种关系可以利用统计方法揭示出来,而且过去的状况对未来的趋势有决定性影响。具体而言,时间序列预测的作用如下:

(1) 通过计算各种统计指标,了解和分析社会经济现象发展变化的历史过程。

(2) 通过长期趋势分析、季节变动分析、循环变动分析等了解社会经济现象发展变化的规律性。

(3) 通过建立数学模型预测社会经济现象的未来发展趋势。

第二节 时间序列预测的主要方法

一、移动平均法

(一) 移动平均法的概念

移动平均法(Moving Average,MA)是指观察期内的数据由远而近按一定跨越期进行平均,取其平均值;然后,随着观察期的推移,根据一定跨越期的观察数据也相应向前移动(每向前移动一步,去掉最早期的一个数据,增添原来观察之后期的一个新数据,并依次求得移动平均值);最后,将接近预测期的最后一个移动平均值作为确定预测值的依据。

(二) 一次移动平均法

移动平均法可以分为简单移动平均法和加权移动平均法两种,这里主要介绍简单移动平均法。简单移动平均法根据运用移动平均法的次数又可以分为一次移动平均法和二次移动平均法等。

一次移动平均法各元素的权重都相等,计算公式如下:

$$F_t = (a_{t-1} + a_{t-2} + \cdots + a_{t-n})/n$$

其中,F_t 是第 t 期的预测值;a_{t-1} 是 $t-1$ 期的实际值;n 是移动平均的跨越期。

如现有数列 a_1、a_2、a_3、a_4、a_5、a_6、a_7,试以跨越期为 3 求第 8 期的预测值,即求 F_8。具体求解过程如下:

原数列: a_1 a_2 a_3 a_4 a_5 a_6 a_7

移动平均: $\dfrac{a_1+a_2+a_3}{3}$ $\dfrac{a_2+a_3+a_4}{3}$ $\dfrac{a_3+a_4+a_5}{3}$ $\dfrac{a_4+a_5+a_6}{3}$ $\dfrac{a_5+a_6+a_7}{3}$

新数列: F_4 F_5 F_6 F_7 F_8

则以跨越期为 3 的第 8 期的预测值 $F_8 = \dfrac{a_5+a_6+a_7}{3}$。

> 例 11-1:以表 11-1 中 2002—2012 年我国生猪价格变化的时间序列和跨越期为 3 预测 2013 年我国生猪的价格。
>
> 解:由一次移动平均法的公式直接求解 2013 年我国生猪的价格:
>
> $$F_{13} = \dfrac{a_{10}+a_{11}+a_{12}}{3}$$
>
> $$= \dfrac{11.5+16.9+15}{3}$$
>
> $$= 14.5$$
>
> 因此,运用一次移动平均法预测的 2013 年我国生猪价格为 14.5 元/千克。

二次移动平均法是对于一次移动平均结果再作一次移动平均运算。二次移动平均法的计算方法与一次移动平均法完全相同。

二、指数平滑法

(一) 指数平滑法的概念

指数平滑法是在时间序列中,以本期的实际值和本期的预测值为依据,然后赋予不同的权重,求得下一期预测值。

指数平滑法是统计预测中广泛使用的一种方法,也称指数修匀预测法。

(二) 一次指数平滑法

指数平滑法按修匀次数的多少有一次指数平滑、二次指数平滑、三次乃至多次指数平滑。这里重点介绍一次指数平滑法。

一次指数平滑法的计算公式如下:

$$F_{t+1} = \alpha x_t + (1-\alpha) F_t$$

其中,F_{t+1} 是第 $t+1$ 期的预测值;α 是权重,$0 < \alpha < 1$;F_t 是第 t 期的预测值。

从一次指数平滑法的计算公式可以看出,应用指数平滑法预测,α 值的确定是一个关键问题。α 的取值与预测的效果有密切的关系。如何确定 α 的取值呢?一般来讲,确定 α 值前,通常可以先取各种 α 值进行试算,然后再作出决定。从选择方法上看,应选取使误差最小的 α 值。如从数据的特征上看,变化呈阶梯式上升或下降者取较大的 α 值;变化比较平稳的取较小的 α 值。

> 例 11-2:以表 11-1 中 2002—2012 年我国生猪价格变化的时间序列和权重为 0.7 预测 2013 年我国生猪的价格。
>
> 解:从 F_{03} 开始计算,这里均设定第 2 期的预测值等于第 1 期的实际值,即 $F_{03} = 6.0$;从第 3 期开始运用一次指数平滑法的公式直接求解预测值。
>
> 2004 年的预测值 $F_{04} = 0.7 \times 6.4 + 0.3 \times 6.0 = 6.3$;
>
> 以此类推,2013 年我国生猪的价格 $F_{13} = 0.7 \times 15.0 + 0.3 \times 15.3 = 15.1$。
>
> 因此,运用一次指数平滑法预测的 2013 年我国生猪价格为 15.1 元/千克。

三、趋势延伸预测法

最简单的趋势延伸预测法为直观法。直观法,又称目测法,是指根据预测目标的历史时间数列在坐标图上标出分布点,直观地用绘图工具画出一条最佳直线或曲线,并加以延伸来确定预测值。直观法是推算趋势最简便的方法,不用建立数学模型,只是根据经验,在时间序列曲线上做出一条倾向线即可。

> 例 11-3:以表 11-1 中 2002—2012 年我国生猪价格变化的时间序列,运用直观法预测 2013 年我国生猪价格的趋势。

解：将 2002—2012 年我国生猪价格变化的时间序列在 Excel 中绘制曲线图，并绘制趋势线，如图 11-2 所示。

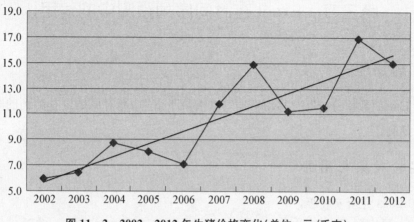

图 11-2　2002—2012 年生猪价格变化（单位：元/千克）

从图 11-2 可以看出，我国生猪价格变化呈波动上涨的趋势。2013 年我国生猪价格将略有上涨。

四、自回归移动平均法

自回归移动平均法（Auto Regressive Integrated Moving Average，ARIMA）模型是 20 世纪 70 年代发展起来的数学上比较成熟的随机时间序列预测方法，已经在卫生、经济、农业等领域得到广泛应用。ARIMA 模型是目前公认的用于一个国家或地区经济预测中比较先进且适用的科学时间序列分析模型之一。

ARIMA 模型是由美国统计学家 G. E. P. Box 和 G. M. Jenkins 于 1970 年首次提出。ARIMA 模型可表示为 ARIMA(p,d,q)，其中 p、q 为自回归部分和滑动平均部分的阶数，d 为差分阶数。对任意的 $n=1,2,\cdots$，$t_1,t_2,\cdots,t_n \in T$ 和任意实数 h，当 t_{1+h}，$t_{2+h},\cdots,t_{n+h} \in T$ 时，随机变量表示为 $X(t_1),X(t_2),\cdots,X(t_n)$，和 $X(t_{1+h})$，$X(t_{2+h}),\cdots$，$X(t_{n+h})$。数学上纯 ARIMA 模型为 $W_t = u + \theta(B)^{\varphi}\o(B)^{-1}\varepsilon_t$，其中 t 为时间指标，W_t 为随机变量 X_t 或者 X_t 转换后的数据序列，u 为均值项，B 为后移因子，即 $BX_t = X_{t-1}$，$\theta(B)$ 为滑动平均算子，$\theta(B) = 1 - \theta_1 B \cdots - \theta_q B_q$，$\o(B)$ 为自回归算子，$\o(B) = 1 - \o_1 B - \cdots - \o_q B_q$，$\varepsilon_t$ 独立扰动，即随机误差。

生猪的价格呈季节性波动趋势，具有季节变化规律。因此，选择 ARIMA 时序模型来研究生猪价格的动态变化是比较合理的。ARIMA 时序模型可以在专业的计量软件

Eviews 中实现,感兴趣的读者可以在相关书籍中获得更多的相关知识。

第三节 Excel 在时间序列预测中的运用

一、目的原理

通过 Excel"数据分析"中"移动平均"和"指数平滑"功能对原始调查得到的时间序列数据进行预测。

二、实验对象与用品

Excel 2003 完全安装版。

三、方法步骤

本节沿用表 11-1 的源数据,为了读者阅读的方便,将源数据再次呈现。通过调查,2002—2012 年我国生猪价格变化如表 11-2 所示。

表 11-2 2002—2012 年生猪价格变化

年份	平均价格(元/千克)	年份	平均价格(元/千克)
2002	6.0	2008	14.9
2003	6.4	2009	11.2
2004	8.7	2010	11.5
2005	8.1	2011	16.9
2006	7.1	2012	15.0
2007	11.8		

要求:根据 2002—2012 年我国生猪价格变化情况,预测 2013 年生猪的价格。

一般来说,在 Excel 中进行预测,可自己编函数进行计算,也可以用 Excel 的"数据分析"工具,还可以用 Excel 的折线图。下面分别作介绍。

(一)自编函数

在 Excel 2003 中自编函数完成上述要求的主要步骤如下:

1. 输入数据

(1)新建一个 Excel 工作表。打开 Excel 工作表的一个工作簿(Sheet1),第 1 行为标志行,在 A1 单元格输入 A 列的标志"年份",在 B1 单元格输入 B 列的标志"实际观察值"。将表格中的数据复制到 Excel 工作簿中,将年份数据(简写为后两位年份值)从 A2 单元格开始全部放在 A 列,将平均价格数据从 B2 单元格开始全部放在 B 列。

(2) 在 C1 单元格输入"三年平均值",D1 单元格输入"指数平滑值"备用。在 Excel 中完成上述操作后的效果如表 11-3 所示。

表 11-3 数据输入

	A	B	C	D
1	年份	实际观察值	三年移动平均值	指数平滑值
2	02	6.0		
3	03	6.4		

2. 进行预测

(1) 移动平均法。

在 C2 和 C3 单元格中输入"一"①;在 C4 单元格输入"=(B2+B3+B4)/3",并将 C4 单元格的公式复制到 C5:C12②。

(2) 指数平滑法($\alpha=0.7$)。

在 D2 单元格中输入"一";在 D3 单元格输入"=B2";在 D4 单元格输入"=0.7*B3+0.3*D3",并将 D4 单元格的公式复制到 D5:D13。

预测结果如表 11-4 所示。

表 11-4 自编函数的预测结果

	A	B	C	D
1	年份	实际观察值	三年移动平均值	指数平滑值
2	02	6.0	—	—
3	03	6.4	—	6.0
4	04	8.7	7.0	6.3
5	05	8.1	7.7	8.0
6	06	7.1	8.0	8.0
7	07	11.8	9.0	7.4
8	08	14.9	11.3	10.5
9	09	11.2	12.7	13.6
10	10	11.5	12.5	11.9
11	11	16.9	13.2	11.6
12	12	15.0	14.5	15.3
13				15.1

---

① 在 Excel 单元格中输入"一",为了避免 Excel 将其识别为逻辑运算符,应输入"'一"。
② 在 Excel 中复制公式只需将鼠标放在已输好公式单元格的右下角,待鼠标由大空心十字变为小实心十字时,按住鼠标左键不放,拖动鼠标到需要复制公式的单元格即可。

从表 11-4 中得到,运用移动平均法预测的 2013 年生猪的价格为 14.5 元/千克;运用指数平滑法预测的 2013 年生猪的价格为 15.1 元/千克。

(二) 运用 Excel 的"数据分析"工具

运用 Excel 2003 的"数据分析"工具完成上述要求的主要步骤如下:

1. 输入数据

这里沿用"(一)自编函数"过程在 Sheet1 中已经输入好的数据。

2. 调出"移动平均"对话框

从菜单栏"工具——数据分析"路径打开"数据分析"对话框,如图 11-3 所示;选择"移动平均"分析工具,如图 11-4 所示。

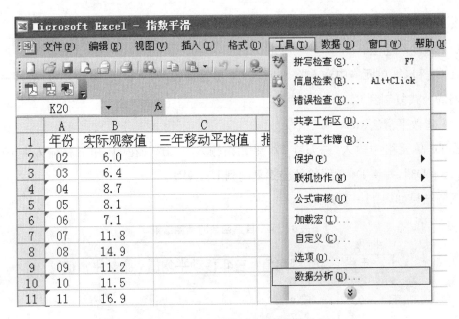

图 11-3 打开"数据分析"菜单的路径

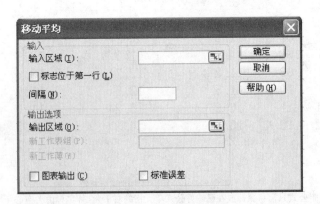

图 11-4 "移动平均"对话框

注意：(1) 在"工具"菜单下可能没有"数据分析"选项。这时则需要执行"工具——加载宏"，从"加载宏"对话框中选择"分析工具库"，点击确定后再执行"工具——数据分析"路径打开"数据分析"对话框。(2) 执行"工具——加载宏"时提醒"放入安装光盘"。这时较好的解决方案是卸载现有的 Office 软件，重新安装，且在安装时选择"完全安装"选项。安装完毕后再执行"加载宏"操作。

图 11－4 中相应模块的功能和操作具体为：

- 输入区域：在此输入待分析数据区域的单元格范围。本例输入区域为"＄B＄2：＄B＄12"。

注意：为了防止输入错误，最好选择直接引用功能。即点击 按钮，在数据区域点击 B1 单元格，按住鼠标左键不放，拖动到 B12 位置，再点击 按钮返回即可完成输入区域的输入。

- 标志位于第一行：如果输入区域的第一行或第一列中包含标志项，则选中此复选框；如果输入区域没有标志项，则清除此复选框，Excel 将在输出表中生成适宜的数据标志。本例中第一行代表数据的标志，不是真正分析的数据，所以应当在"标志位于第一行"前打钩。
- 间隔：在此输入移动平均的跨越期。本例输入"3"。
- 输出选项：一般选择"新工作表组"。这里为了将"数据分析"工具得到的结果和 Excel 源数据作比较，选择从 C2 单元格开始输出分析结果。点击"输出选项"后面的 按钮，在数据区域点击 C2 单元格，再点击 按钮返回即可完成输出区域的输入。
- 图标输出和标准误差是可选项。这里不作选择。

最终选定结果如图 11－5 所示。

图 11－5　选定后的"移动平均"对话框

最后，单击"确定"按钮。得到结果如表 11－5 所示。

表 11-5 "描述统计"分析结果

	A	B	C
1	年份	实际观察值	三年移动平均值
2	02	6.0	
3	03	6.4	
4	04	8.7	7.0
5	05	8.1	7.7
6	06	7.1	8.0
7	07	11.8	9.0
8	08	14.9	11.3
9	09	11.2	12.7
10	10	11.5	12.5
11	11	16.9	13.2
12	12	15.0	14.5

从表 11-5 得到,运用移动平均法预测的 2013 年生猪的价格为 14.5 元/千克。另外,运用 Excel 的"数据分析"工具和自编函数进行移动平均得到的结果一致。

运用 Excel 的"数据分析"工具进行指数平滑的操作与进行移动平均的操作完全一致,留给读者自己操作①。

(三) 运用 Excel 的折线图

1. 输入数据

这里沿用"(一) 自编函数"过程在 Sheet1 中已经输入好的数据。

2. 绘制折线图

参照第九章第一节的内容绘制 2002—2012 年我国生猪价格变化情况的折线图,结果如图 11-6 所示。

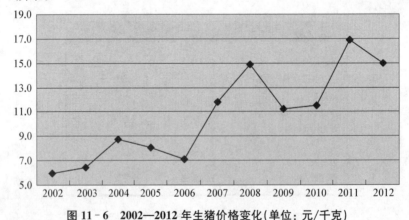

图 11-6 2002—2012 年生猪价格变化(单位:元/千克)

---

① 需要注意的是,运用 Excel"数据分析"工具的"指数平滑"模块进行预测时,里面的阻尼系数与权重不同,阻尼系数=1-α。

3. 添加趋势线

点击图 11-6 中生猪价格的折线,并单击鼠标右键,选择弹出选项的"添加趋势线",如图 11-7 所示。再在弹出的添加趋势线"类型"选项中选择"线性",其他保持默认,如图 11-8 所示。最后单击"确定",添加趋势线后的生猪价格变化趋势如图 11-9 所示。

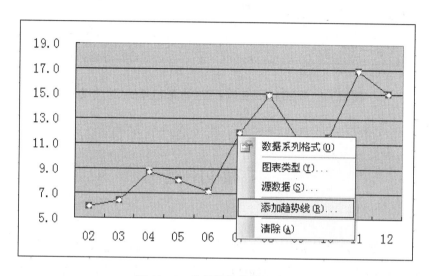

图 11-7 选择添加趋势线选项

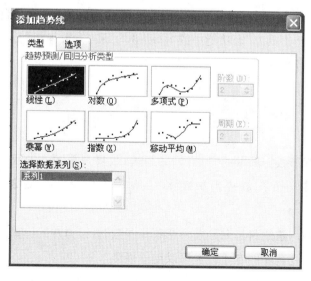

图 11-8 选择添加趋势线"类型"选项

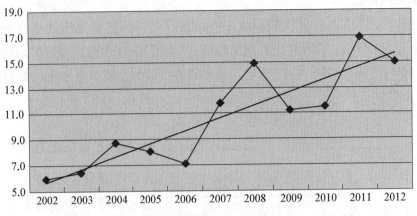

图 11-9 添加趋势线后的生猪价格变化（单位：元/千克）

本 章 小 结

时间序列预测可以根据事物从过去到现在的演变过程，从中找出定量演变规律，并依据演变规律进行预测。利用时序模型可以无需知道影响效应指标的因果关系，根据效应指标过去的变化规律来建立模型，在系统动态性较强的情况下，时序分析模型可以达到事半功倍的功效。显然，时序分析方法有着其他的多元统计分析方法所不能比拟的优势。常用的时间序列预测法包括移动平均法、指数平滑法、趋势预测法和自回归移动平均法等。利用Excel"分析工具库"宏功能中的"移动平均"和"指数平滑"分析工具可以对观察得到的时间序列进行预测。

1. 利用前面章节数据获取的方法（如文案法）收集开篇案例中我国中药材（如桔梗、薄荷和川佛手）的市场需求，并应用本章所讲的时间序列方法对2013—2015年的中药材需求量进行预测。

2. 一次移动平均法的跨越期分别为奇数和偶数时，该方法的计算公式是否一致？

3. 除了Excel，还有哪些专业软件可以用于预测？

第十二章 市场调查报告的撰写

开篇案例

来自天涯社区的几个留言

留言一:"偶没做过调研报告,不知道应该从哪开始入手。但总监却把这个case给我了,让我做小包装油的行业市场调查报告。求大侠们帮帮忙了!!!!! 我在网上翻了很多资料,可是都没找到范文。555急死了。自己好笨笨。"

留言二:"我现在是一名药品连锁零售企业的市场调查员,做顾客满意的调查,有经验的说说你的经验……先谢谢拉!虽然我是学市场营销的,但是由于没有实际的工作经验,所以在此请教各位。"

留言三:"小弟正在培训中,公司让写1 500字的市场调查报告。主要就是去超市、专买店调查我们公司生产的化妆品的销售情况。但是我不知道该去看些什么东西,然后报告中应该包括哪些内容?有没有知道的,先谢了。"

案例思考:

如何撰写市场调查报告?

第一节 市场调查报告概述

一、市场调查报告的含义

市场调查报告是市场调查人员以书面形式反映市场资料信息调查、收集、记录、整理和分析过程及内容,并提供调查结论和建议的报告。

二、市场调查报告的特点

(一) 针对性

市场调查报告应针对不同的调研目的和不同的阅读对象安排报告的内容和格式。若市场调查是探索性的,市场调查报告可以写得简短;若市场调查是因果性研究,市场调查报告就要写得详细。若市场调查报告的阅读对象是企业的高层决策者,调查报告要写得简明扼要,给出具体的调查结论和政策建议;若市场调查报告的阅读对象是企业的中低层,尤其是报告的验收者,调查报告要写得详细,并给出具体的调查分析过程等。

(二) 时效性

信息的时效性越高,价值就越高。为了使委托进行调查的企业更好地适应市场竞争,市场调查报告应及时反馈给使用者,以便企业适时地作出决策。

(三) 创新性

市场调查报告中的总结和建议应有建设性的观点和结论,以增强调查报告的使用价值和更好地指导企业的生产经营活动。

三、市场调查报告的作用

(一) 能将市场信息传递给决策者

市场调查报告的最终目的就是为决策者提供决策所需的信息和结论建议。市场调查其实就是一个信息获取、处理和利用的过程,根据信息使用者的反馈还可以进行更深入的市场调查。

(二) 市场调查报告可以完整地表述调研结果

市场调查的结果需要一定的载体,市场调查报告就是完整表述调研结果的规范形式。

(三) 市场调查报告是衡量和反映市场调查活动质量高低的重要标志

市场调查的委托方一般不会完全参与或跟踪其委托的市场调查。委托方评判市场调查是否得到其要求的重要标准就是受托方提交的市场调查报告。因此,从形式和内容两个方面提升市场调查报告的质量,对于获得高的市场调查活动评价非常有益。

(四) 市场调查报告可作为历史资料反复使用

市场调查报告一方面可以作为企业高层的决策咨询材料;另一方面还可以作为历史资料保存,为以后的资料使用者实施文案调查提供素材。

第二节 市场调查报告的结构

一份完整的调查报告大致可分为前文、正文、结尾和附录四大部分。

一、前文

前文包括标题页、授权信页、前言、目录和图表目录等。

(一) 标题页

标题页包括的内容有报告的标题或主题、副标题、报告的提交对象、报告的撰写者和发布(提供)的日期等。

(二) 授权信页

授权信是由调研项目执行部门的上司给该执行部门的信,表示批准这一项目,授权给某人对项目负责,并指明可用于项目开展的资源情况。一般情况下,授权信页是不必要的。

(三) 前言

前言相当于论文的摘要、教材的序言部分。前言是对整个调查报告的概括,简要地讲明"为什么"、"做了什么"、"怎么做"、"得到什么"以及对有关方面的致谢等。

(四) 目录

目录起到提纲挈领的作用。调查报告的阅读者通过前言对调查报告有了基本了解后,审查目录是获取整个调查报告进一步信息的最快捷途径。目录包含报告所分章节及其相应的起始页码。

(五) 图表目录

如果报告含有图和(或)表,那么需要再做一个图表目录。图表目录可以帮助报告的阅读者快捷地找到图和表的位置。

二、正文

正文包括调查背景和目的、调研设计和结果分析。

(一) 调查背景和目的

调查背景是指一项课题的由来、意义、环境、状态、前人的成果以及调查研究该课题目前所具有的条件等。调查目的在调查背景的基础上回答为什么要进行这项调查。

(二) 调研设计

调研设计主要包括调查方法、调查对象、抽样方法以及分析方法等。

(三) 结果分析

结果分析在正文中占较大篇幅,这部分内容应按某种逻辑顺序提出紧扣调研目的的一系列项目发现。该部分要充分利用统计图和统计表的形式来说明问题。

三、结尾

结尾部分主要包括局限性和结论及建议两个部分。

(一) 局限性

局限性部分主要指出市场调查存在的不足之处,如样本的范围、针对性,分析的思路、视角等。

(二) 结论及建议

结论是基于调查结果分析的提炼,而建议是针对结论提议应采取的相应行动。建议要有针对性,尤其是要针对调查报告发现的问题。因此,建议的阐述应该较为详细,而且要辅以必要的论证。

四、附录

附录是与调查报告正文有密切关系的材料。调查报告中具有技术性或过于详细、复杂的材料一般作为附录形式放在调查报告的最后部分。附录通常包括调查提纲、调查问卷、调查表格(如人流量观察表、顾客行为观察表)、复杂的计算和参考文献等。

第三节 调查报告范例

以下是一篇调查报告的范例,供读者参考。虽然不是针对市场问题进行的调查,但符合市场调查报告撰写的规范。

四川农业大学学生课外阅读情况调查报告[①]

摘要：本报告通过问卷调查，了解四川农业大学学生的课外阅读情况，并对此进行原因分析。对帮助大学生形成正确的阅读习惯和健康的阅读心理，进而掌握正确的阅读方法，形成接受知识与提高能力相统一的阅读理念提出了对策。

关键词：大学生　课外阅读　现状　对策

1. 调查背景及目的

书籍是人类进步的阶梯。阅读是人类社会不可缺少的思想交流活动，是人们获取知识信息的重要渠道。读书可以涵养其性情，高尚其情操，健康其情绪，成熟其性格，培养直面人生的心态，形成成熟的性格。随着信息社会的到来，人们的阅读活动受到前所未有的挑战。大学生是阅读的主要群体，在实施素质教育的今天，一个学生综合素质的提高，仅局限于课本知识的学习是远远不够的，课外阅读是提高大学生素质的重要途径之一。但是，当代大学生由于社会环境的影响以及自身心理不成熟，往往产生某些不稳定甚至不良的阅读心理和阅读行为。如何帮助大学生形成正确的阅读习惯，以积极向上的态度和健康的阅读心理去学习、研究，进而掌握正确的阅读方法，形成接受知识与提高能力相统一的阅读理念，是高等学校应该重视的一个问题。

因此，我们的调查旨在了解我校大学生课外阅读情况，及时发现存在的一些问题，从而提出合理化建议，使学生对课外阅读产生兴趣，养成课外阅读的习惯，从中获取知识，受到熏陶，最终促进大学校园良好读书风气的形成，提高学生的素养、拓展知识面，有针对性地给予指导和帮助。而在此过程中，高校图书馆、资料室的建设和发展无疑是重中之重。

2. 调查对象及样本情况

本次调查的调查对象是四川农业大学校本部在校大学生。共发出问卷25份，收回有效问卷20份，其中按性别：男生占45%，女生占55%；按所学学科：理工科占55%，文科占45%；按年级：一年级占12%，二年级占10%，三年级占12%，四年级占6%。

[①] 该调查报告为本书作者在课程教学过程中的学生作业（省略了标题页、目录、参考文献及调查问卷等内容）；该调查报告的撰写者为报告组长蒋官苹同学。

3. 调查方法及抽样方法

调查中主要采用书面问卷与访谈法相结合的形式,在分层的基础上对各年级进行抽样调查。为确保样本的代表性,我们在调查时严格控制了性别、年级、学科的比例。同时进行了重点调查。

4. 调查内容

(1) 被调查者课外阅读的倾向;

(2) 被调查者课外阅读的书籍类型;

(3) 被调查者课外阅读的时间长短;

(4) 被调查者课外阅读的场所;

(5) 被调查者课外阅读的书籍来源;

(6) 被调查者课外阅读的目的;

(7) 被调查者对课外阅读的态度;

(8) 被调查者课外阅读对其影响及原因。

5. 调查结果分析

5.1 大学生课外阅读倾向差异及分析

通过调查统计,得到下表:

表1 大学生最喜欢阅读的课外阅读类别情况表

年级\类别	文学类	娱乐消遣类	应用技术类	专业用书	科普读物	其他	合计
一年级	4	2	0	0	0	0	6
二年级	3	1	0	0	1	0	5
三年级	1	1	0	0	3	1	6
四年级	1	1	1	0	0	0	3
合 计	9	5	1	0	4	1	20

从年级看,大一学生最喜欢阅读的课外书主要集中在文学类和娱乐消遣类。其中,文学类占66.67%,娱乐消遣类占33.33%。大二学生最喜欢阅读的课外书主要集中在文学类。其中,文学类占60%,娱乐消遣类占20%,科普读物类占20%。大三学生最喜欢阅读的课外书主要集中在科普读物类。其中,文学类占16.7%,娱乐消遣类占16.7%,科普读物类占50%,其他占16.7%。大四学生最喜欢阅读的课外

书则很分散。其中,文学类占33.33%,娱乐消遣类占33.33%,应用类占33.33%。具体的如图1所示。

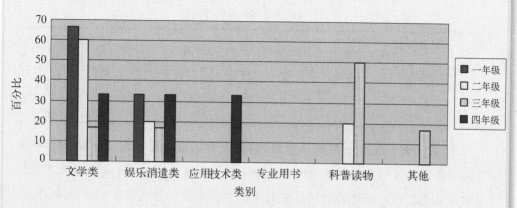

图1　大学生最喜欢的课外书类型比例图

从图1中可以看出,不同年级的同学的阅读状况并不一样,表现出很大的差异,低年级同学比较喜欢娱乐性、消遣性的课外读物;高年级同学比较喜欢知识性、专业性和学术性的课外读物,其中文学类的读物大二是高峰,然后呈递减的趋势。因为在刚进入大学期间,对大学学科专业知识了解不够,加之时间充裕,大一学生阅读范围并不宽裕,对应用技术及专业方面很少涉足。在重点调查中,我们了解到大一同学对课外阅读带有一定的盲目性。大二学生在学校已经学习了一年,对学校设施已经清楚,比如图书馆、资料室等。但是由于专业课程设置的关系,同学们对专业了解也很缺乏。另外,大二学生更多参加学生会等部门,自由时间较少。但他们对文学会产生更多兴趣。而大三、大四的学生对专业、就业有了更深刻的认识,因此在应用技术类和科普读物上较大一、大二的学生有了增加。但是这个比例仍然很小。通过分析可以看出,我校大学生的课外阅读主要倾向于文学和娱乐消遣上,并没有形成对实际应用技术等有关专业书籍的喜爱现象。尤其是专业书籍,所调查的同学中居然没有一个"喜欢",可见专业教育方面还有很大问题。

5.2　大学生课外阅读时间和数量分析

5.2.1　大学生课外阅读时间分析

大学生活丰富多彩,且学业较重。同时,学习格局赋予了大学生有规律的作息时间和自由支配时间多的特点。课外阅读就成了大学生课余生活的主要内容。课

外阅读时间的多少可以直接体现大学生的阅读状况和习惯。通过调查,我们得到以下数据:

表2　每天课外阅读所花时间表

情况 \ 时间	1小时以内	1~2小时	2~3小时	3小时以上	合计
人数	15	3	1	1	20
比例(%)	75.00	15.00	5.00	5.00	100

可见,我校大学生有一定的阅读习惯,但大都不会花太多时间。绝大部分同学每天花在课外阅读上的时间还不到一个小时。在重点调查中,我们发现有些同学平均每天花在课外阅读的时间还不到半小时。毕竟大学还是相别于高中的,同学们有着很多的课余时间,从时间上看,我校学生对课外阅读的重视程度还是不够的。

通过查阅相关资料,我们得到下表:

表3　上海几所大学同学的课外阅读时间表

序　号	类　　别	比　例
1	看书1小时以下的学生	5%
2	看书1~3小时的学生	23%
3	看书3~7小时的学生	37%
4	看书7~14小时的学生	20%
5	看书14小时以上的学生	15%

资料来源:《高校图书馆工作》,2001年第6期。

通过对比,可以很明显地看出我校学生与上海几所大学的学生在课外阅读上的区别,这个差异之大让人震惊。我校学生阅读时间太少,其直接结果是导致学生知识面狭窄,看待问题片面,思维不够开阔,思维方式较僵化,进而导致我校学生竞争力远远低于上海高校的学生。

5.2.2　大学生课外阅读时间和数量分析

从课外阅读量上可以直接了解到大学生对课外阅读的态度及重视程度。我们调查得到如下数据:

表4 大学生课外阅读年阅读量

情况 \ 数量	0本	1~5本	5~10本	10~15本	15本以上	合计
人数	0	5	5	8	2	20
比例(%)	0.00	25.00	25.00	40.00	10.00	100.00

从阅读量上看,没有不进行课外阅读的,每年阅读10~15本课外书的最多,占了40.00%。也就是说,每个月能保证阅读一本课外书。这说明我校大学生对课外阅读比较重视,但15本以上的仅占10%,说明重视程度明显不高。在业余时间很充裕的大学里出现这种状况,表明我校的文化气息还是不够理想,与以文科为主导的学校相比还存在很大的差距。

5.3 大学生课外阅读兴趣分析

课外阅读应当是当代大学生最主要的课外活动之一,这也是大学生作为知识文化群体的主要特征。但是在调查中,对于问题"你认为影响你读课外书的原因是:没时间、没兴趣、不擅于阅读、学校氛围不好、其他"的回答,有35%的学生表示"没兴趣"可见我校大学生中还有相当一部分对课外阅读不太感兴趣,他们大都没有花多少时间进行课外阅读。在访谈中,我们了解到这部分同学大多成绩比较普通,也很少参加文艺类、创新类活动。可见阅读兴趣对大学生的生活影响是比较重大的。

5.3.1 大学生课外阅读兴趣差异

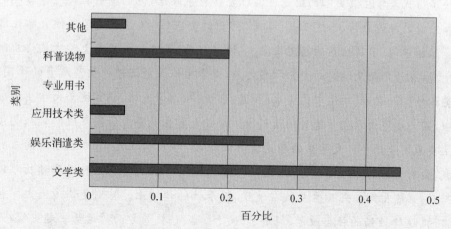

图2 大学生课外阅读所花时间比例图

根据表1及图2，可见文学类书籍（主要是小说）和娱乐消遣类书籍是我校大学生课外阅读兴趣中最主要的读物，极少阅读专业类、学术类书籍。低年级大学生比较喜欢娱乐性、消遣性的课外读物；高年级大学生比较喜欢知识性、专业性和学术性的课外读物，但是所占比例没有太大的差距。

> 美国大学：读书有专攻，让书选择我
>
> 中国大学：书籍任我选，只读休闲书
>
> 有一位美国作家生动地形容了美国年轻人的读书观。费迪曼在《一个年轻作家的读书经验》中写道："过了17岁以后就是书来选你，而不是你去选书了。你必须在某种限制下去读书。阅读成了一种计划，成了大学课程的一部分，或成为获取某种知识的工具……"
>
> 可是中国年轻人的阅读习惯却有太多极具讽刺意味的现象。
>
> 在美国，大学生连教授指定的课外读物都读不完，几乎没有时间读自己感兴趣的读物，更何况是打发时间。

资料来源：郝明义，"读书，你比美国大学生落后几步"，《北方人(悦读)》，2008年第8期。

从以上的摘录可见我校大学生与美国大学生之间课外阅读的区别。

5.3.2 大学生课外阅读兴趣差异原因分析

（1）大学生心理因素。根据查阅资料，《参考消息》是大学生最喜爱阅读的报纸，反映了当代大学生最关心的仍是现实社会和时事政治，他们特别喜欢迅速客观的报道和中肯的评论分析，而这正是《参考消息》的办报宗旨，也反映了当代大学生渴求更多了解中国、了解世界的思想状况。《读者》（原《读者文摘》）是大学生最喜欢阅读的杂志，在紧张而又枯燥的专业学习之余，大学生们希望阅读一些高质量的休闲、娱乐类读物，而《读者》所追求的隽永、和谐、亲情、人性等风格，非常适合大学生的阅读心理，因此成了大学生首选的阅读刊物。造成大学生低年级和高年级阅读兴趣差异的主要原因是低年级大学生的理论素养比较差，学术水准较低，专业理想尚未完全形成，没有良好的课外阅读方法，因而对专业性、理论性、学术性的课外读物难以产生兴趣，只能把阅读兴趣主要放在消遣、娱乐性的读物上。特别是许多女大学生对严肃的、逻辑性强的社会政治、经济、历史、法律、科技等方面的读物兴趣更低，而对活泼、轻松、娱乐性的文学类、生活类、言情类读物甚感兴趣，这主要和女大学生的重形象思维、情感丰富细腻、社会亲和性强等特有的性别心理有关。

(2) 文学娱乐本身的特色与优势。在紧张而又枯燥的专业学习之余，大学生们希望阅读一些高质量的休闲、娱乐类读物，文学类书籍以其思想性和批判性的风格，非常适合大学生的阅读心理，因此成了大学生首选的阅读刊物。

(3) 学校的氛围。我校在课外阅读氛围上，大多数老师会在课堂上列出满满的参考书目，但是没有建立监督机制，随便学生课下读与不读。因此学生并没有阅读压力，基本上一下课就将老师的话抛到脑后。而在行政工作方面，只是大一的寒假回校有个读书交流会，平时也没有专门的读书交流平台。

在阅读情况上，在文学书籍中，又以休闲通俗读物为主，极少阅读经典名著。这样的阅读范围，和家庭主妇、小资青年又有什么区别呢？

在回答"你认为课外阅读对你有帮助吗？"时，居然有10%的学生认为"一般"或"不大"，这是大学的悲哀，是值得我们深思的。

我校学生与美国大学生阅读动机有巨大差异最主要的原因应该是我国的教育问题。

5.4 大学生课外阅读动机和态度分析

5.4.1 大学生课外阅读动机分析

表5 大学生课外阅读目的表

情况 \ 类别	备考	扩大知识面	充实自己	兴趣	其他	合计
人数	1	5	6	7	1	20
比例(%)	5.00	25.00	30.00	35.00	5.00	100.00

5%的大学生的阅读动机是备考，35%是兴趣，30%是充实自己，扩大知识面的占3.36%。这说明在课外阅读中，人们的功利意识并不是太强，并不是单纯地为了提高考分、拿到学分、在考试中可以不"挂"，而是上升到一个高度，即为了自身发展、提高自己的素质、全面发展自己和培养自己的人格，也是为了指导自己的学习，使自己的行为更加合理化和科学化。同时，也是为了调节机械的专业学习，获取专业以外的知识，养成合理的习惯，从这一点上，我们就不难理解为什么文学类读物更受大学生的欢迎了。从大学生的阅读动机中我们可以了解到，课外阅读已经成为大学生提高自我修养不可或缺的一部分了，已经成为大学生全面发展自己的最重要的方式，专业学习固然很重要，但是若没有课外阅读的调节和补充，大学生的业余生活也是不可想象的。

同时,我们也不能忽略,出于兴趣动机的占了最大比重。这与我国高考的应试教育有关,大学生大多并不是基于自己的兴趣而选择大学学习的专业,所以从踏入大学的那一刻起,就在尝试着寻找自己的兴趣。

5.4.2 大学生课外阅读态度分析

虽然"态度决定一切"这句话不完全正确,但其对人的行为有巨大影响。因此不得不对它进行分析。

对于大学生是否应该阅读大量专业、应用类书籍,认为应该与不应该的比例如图3所示。

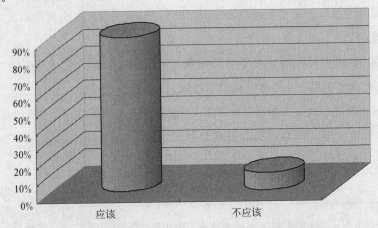

图3 大学生是否应该阅读大量专业、应用类书籍图

对于大学生最应该读什么书的看法各年级所占比例如图4所示。

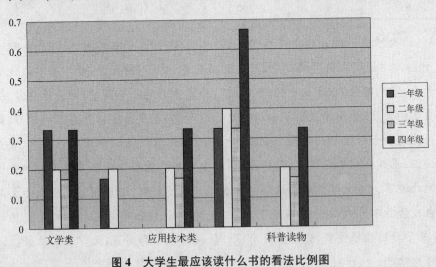

图4 大学生最应该读什么书的看法比例图

对课外阅读的态度问题认识比例如图5所示。

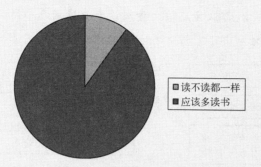

图5　课外阅读的态度问题认识比例图

从以上三个图可以明显看出我校大学生对课外阅读的态度是很好的。90%认为应该大量阅读专业应用性书籍,40%认为大学生课外最应该阅读专业类书籍,90%认为应该多读书,90%认为课外阅读对自己很有帮助。这是一个可喜的现象。

5.5　大学生课外阅读主要场所和书籍来源分析

调查发现,我校学生课外阅读场所40%在图书馆,30%在教室,10%在户外,10%在寝室,10%在网吧、书店等地方。这主要是图书馆环境较好,座椅舒适,且清幽,比较安静,因此大多喜欢看书的同学都到图书馆。书籍来源80%是图书馆借的,买书的极少,朋友之间借书的更少;70%的同学表示偶尔去图书馆,经常去的只占10%。从中可以看出,我校同学的课外阅读主要场所是图书馆,但是大家都不经常去,我校学生课外阅读情况可想而知。

5.6　我校大学生课外阅读总体情况

经过以上分析,得出以下结论:

(1) 我校大学生课外阅读倾向于文学类及娱乐休闲类书籍。

(2) 我校大学生花在课外阅读上的时间很少。

(3) 我校大学生课外阅读场所主要是图书馆和教室。

(4) 我校大学生课外阅读的书籍主要是从图书馆借的。

(5) 我校大学生课外阅读主要是根据自己的兴趣。

(6) 我校大学生对课外阅读的态度好。

(7) 没兴趣、不擅于阅读、学校氛围不好是影响我校大学生课外阅读的主要原因。

结论中有存在明显的矛盾关系,大学生都认为应该大量、广泛地进行课外阅读,却又不愿意花时间去读;都认为应该大量阅读专业应用类书籍,却都读娱乐休闲类书籍;都认为课外阅读对自己有很大帮助,却又都说没时间阅读……

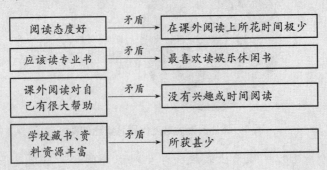

图6　大学生课外阅读矛盾关系

下面我们就这些矛盾的原因进行分析。

5.7　我校大学生课外阅读不良状况的主要原因分析

对于造成我校大学生不良阅读情况的因素,主要分为内部因素和外部因素两方面,其中,内部因素主要是学生心理、个性、学习观,外部因素主要包括社会经济、学校、周边环境等(见图7)。

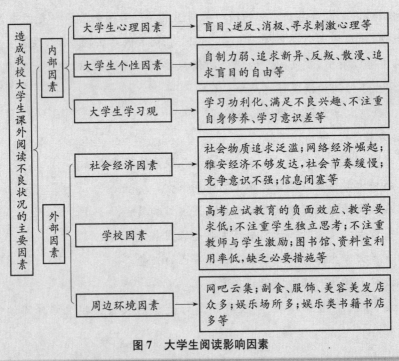

图7　大学生阅读影响因素

5.7.1 内部因素

(1) 大学生心理因素。

大学生正处于一个思想活跃、求知欲强但兴趣不稳定的时候,他们的阅读行为基本上是健康、积极的。但是,由于受个人兴趣、爱好以及各种社会潮流和社会活动的影响,大多数学生不善于选择读物,阅读的计划性不强,读书方法不科学,缺乏追踪新知识的敏锐性,阅读速度低下,存在盲目、寻求刺激、占有、发泄、逆反、消遣、懒惰等不良心理。

据统计,有些大学生专门借阅传奇、武打、凶杀、暴力乃至色情文学一类图书资料和种种低级趣味的东西,他们阅读的目的仅仅是为了消磨时间、猎奇及满足个人的某种情趣,并不是真正想从中获取知识。其表现为从那些曲折离奇的故事、精彩激烈的打斗和虚幻的世界里获得一种快感,满足其猎奇、冒险的心理需要,结果使一些自制力较弱、思想不成熟的大学生误入歧途,在不知不觉中影响了身心健康,荒废了学业。

(2) 大学生个性因素。

我校大学生自制力弱,追求新异、反叛、散漫、盲目的自由等。

由于学分制的全面实施,大学生自由支配的时间较多,课程学习之外,越来越多的大学生热衷于影视作品、穿着打扮、旅游消遣等内容和体育新闻、港台明星的逸闻趣事,并将其作为知识,这反映了大学生课外阅读呈一种快餐化、通俗化倾向,而非拓宽知识、提高修养,对大学生的阅读产生了负面影响。大学生适当地阅读些消遣和娱乐性东西本无可厚非,但是消遣和娱乐性阅读成为一个人的阅读取向,就会变成危害性的行为,将大大削弱学生的专业素质,使其成为知识贫乏的享乐型人才。

(3) 大学的教育方式及学校氛围。

我校专业教育(尤其是社会类专业)多是单调的讲授方式,老师上课多是注重个人讲授,而不注意和学生的互动,更不注重学生的思考能力。一来就上,上完就走。上实验课,也是按部就班,并没有给同学太多的思考空间。平时也很少给学生留作业,学生一般下课就将专业课抛到脑后。对于安排的课外阅读书目,也没有实施有效监督、安排下来,任由学生决定读与不读以及什么时候读。结果是基本上没有达到任何效果。

学术活动开展情况隐秘,很多本科生从来没有想过要搞研究、写论文,因此也没有用到专业学术知识,自然也不愿意去读那些相对枯燥的学术文章。课程学习中虽然也安排论文写作,但要求很低,学生随便在网上搜罗一篇,稍作修改就可以过关。这就导致整个学校懒懒散散,学生不思进取。

毕业论文的写作要求也很低,很多学生最后一个月甚至半个月就可以"赶制"一篇"合格"的毕业论文。暂且不说毕业论文的水平如何,就这个态度也是不"及格"的。毕业论文原本是极其正式而严肃的,但是这样的要求只能促成学生的懒惰、消极。对课外阅读的影响可见一斑。

考试方面,大多数老师会在考前给学生说考试范围,甚至是指点题目,大大降低了考试难度。有的同学平时不上课,考试复习一天就可通过,试问这样的考试到底能起到怎样的作用?就连专业课都可以不认真学习,更何况课外阅读。

学校氛围方面,学校没有专门的学习交流平台,更没有专用的课外阅读交流平台,这就导致乐于课外阅读的学生无法发挥自己,也无法影响不想阅读课外书的学生,优秀的思想和资源没有得到合理开发与利用。

(4) 高校图书馆资料室的利用方式。

我校本部有新老图书馆,还有很多资料室,如经济管理学院资料室。但是学生流量并不大,相反,学校的计算机房则更加受欢迎。但是一个现象不可忽略,那就是学生到机房除了做作业,一般都是聊QQ或者打游戏。而管理者并未对此进行有效的管理。

图书馆环境幽雅,资料丰富,无论是低质文献还是电子文献都很丰富,这些信息都是宝贵的,是学习的最佳地点。但其利用程度远远低于承载量。很多学生大学四年还没有学会文献检索,很多学生到大二了还没有开设《文献检索》这门课程,这是一个损失,对图书馆资源造成巨大的浪费。

图书馆、资料室在吸引读者方面基本上没有作出努力,大多数学生很少去图书馆,不能说图书馆、资料室自身没有责任。比如经济管理学院资料室,很多学生还不知道其存在,大学四年都没有去过资料室。

(5) 社会经济因素的影响。

如今社会经济飞速发展,物质欲望迅速膨胀,大学生的思想也更趋于复杂化。部分大学生注重的不是精神财富的积累,而是对金钱的追逐,并称这为积极走入社会。当然,大学生适当地了解社会,进行社会实践,提高动手实践能力,是有益于大学生发展的,尤其是现在就业压力越来越大的情况下。但是这种实践以牺牲积累精神财富为代价,实践占用课外阅读的时间,这是不应该提倡的。

(6) 周围环境的影响。

我校周围有大量的网吧、摊点和娱乐场所,激发了学生的娱乐情绪,对学生课外阅读情况也有巨大的影响。

6. 解决不良课外阅读状况问题的对策

对以上问题,我们提出如图8所示的对策。

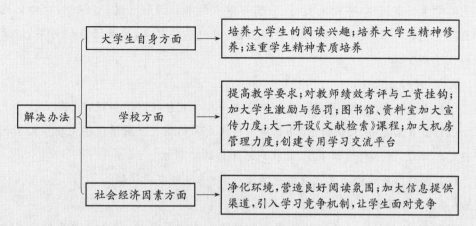

图8 解决不良课外阅读状况问题的对策

6.1 大学生自身方面

(1) 解决学生思想问题。根据大学教育的特点,针对大学生的思想和生活实际,高校可以通过展览和声像技术手段展示专题文献资料、组织图书评论、举行阅读讲座、开展读书鉴赏等活动,发动学校的专家、教授向学生推荐文献,提供导读书目,进行读书方法的指导,对有关书籍进行剖析,尤其是及时疏导流行热潮对学生购书、读书的误导和热门网站的点击,引导学生多读书、读好书。指引、激发大学生潜在的阅读需求和阅读兴趣,调动大学生的学习积极性,提高他们的文化修养及阅读鉴赏能力。

(2) 正面引导,讲究阅读方法。高等学校要通过多种方式与手段,有计划地培养大学生良好的阅读习惯,掌握科学的阅读方法。充分依靠和利用校报、广播、有线电视、橱窗、校园网和校内各社团的刊物等大众传播媒体,通过有关采访报道、交流对话等形式,从各个角度、各个方位,对大学生阅读提供直接的帮助。将新颖生动的读书心得和书评文章通过有声广播、报纸文字和电视画面呈现,可以使大学生在潜移默化中受到启示,从而达到辅导大学生、提高大学生的阅读品位、形成良好的读书风气的目的。组织书评活动,发挥书评的导向功能,用书评来进行正确的引导,把握大学生的阅读倾向,帮助大学生辨析、判别文献信息内容的是非、真伪、优劣,通过正确的舆论导向,把文献信息和大学生紧紧地联系在一起,引导大学生阅读。大学生通过书评、网评了解有关信息,激起阅读欲望,增强识别好坏的免疫力,从而学会在信息海洋中遨游,取得无穷的知识。加强学生读书社团的建设和管理,成立由图书馆负责的学生读书团体,有效地支持、管理好学生读书社团的活动,有组织、有计划地开展各种竞赛活动,使社团活动与阅读指导、讨论结合起来,使其沿着读好书、好读书的轨道发展。

6.2 学校方面

(1) 图书馆可以积极开辟阅读知识交流平台。这包括网络和现实两方面。

(2) 图书馆要将《文献检索》课程极力推向更高的层次。应该在学生进入大学就开设这门课程,并不断增加深度,开拓网络阅读的空间。

(3) 图书馆及学校计算机机房应禁止打游戏,进行有效管理。

6.3 社会因素方面

净化环境,营造良好的阅读氛围。要建设一个格调高雅、适合大学生健康成长的文化氛围,使大学生受到潜移默化的熏陶,形成心灵的感应和精力的升华,从而实现对心理和精神的塑造。

本 章 小 结

本章在对调查报告含义、特点和作用概述的基础上,介绍了市场调查报告的结构。一份完整的调查报告大致可分为前文、正文、结尾和附录四大部分。前文包括标题页、授权信页、前言、目录和图表目录等。正文包括调查背景和目的、调研设计和结果分析。结尾部分主要包括局限性和结论及建议两个部分。附录通常包括调查提纲、调查问卷、调查表格、复杂的计算和参考文献等。最后,给出了一个调查报告范例。

思考题

1. 市场调查报告的作用有哪些?
2. 完整的市场调查报告包括哪些内容?

参 考 书 目

1. 张明立,王伟. 市场调查与预测. 哈尔滨:哈尔滨工业大学出版社,2003.
2. 陈殿阁. 市场调查与预测. 北京:北京交通大学出版社,2004.
3. 景奉杰,曾伏娥. 市场营销调研. 第2版. 北京:高等教育出版社,2010.
4. 曾五一. 统计学概论. 北京:首都经济贸易大学出版社,2003.

图书在版编目(CIP)数据

市场调查与预测/王冲,李冬梅主编. —上海:复旦大学出版社,2013.9(2023.7重印)
ISBN 978-7-309-10003-7

Ⅰ.市… Ⅱ.①王…②李… Ⅲ.①市场调查-高等学校-教材②市场预测-高等学校-教材
Ⅳ. F713.5

中国版本图书馆 CIP 数据核字(2013)第 196003 号

市场调查与预测
王　冲　李冬梅　主编
责任编辑/宋朝阳

复旦大学出版社有限公司出版发行
上海市国权路 579 号　邮编:200433
网址:fupnet@fudanpress.com　http://www.fudanpress.com
门市零售:86-21-65102580　团体订购:86-21-65104505
出版部电话:86-21-65642845
常熟市华顺印刷有限公司

开本 787×1092　1/16　印张 14.75　字数 272 千
2023 年 7 月第 1 版第 11 次印刷
印数 46 101—49 200

ISBN 978-7-309-10003-7/F·1961
定价:39.00 元

如有印装质量问题,请向复旦大学出版社有限公司出版部调换。
版权所有　侵权必究